La Grande Famille des Roses

Anne-Sophie Rondeau

La Grande Famille des Roses

Photographies
Emmanuel Ulzega

Éditions Rustica • Meilland

En souvenir tout de joie et de bonheur
de ma grand-mère, Odile.

ISBN : 2-84038-249-0
N° d'éditeur : 48183
Dépôt légal : mai 1998

Sommaire

Alain Meilland ou une vie en roses

Alain vit pleinement sa vie. Sans regrets, ses souvenirs précieusement conservés comme autant de trésors, il regarde devant lui, loin devant lui. La vie ne lui a pas laissé le temps de s'attarder sur lui-même ; il en a pris le pli : seul l'avenir l'intéresse. Se tourner vers les autres, découvrir de nouvelles cultures, de nouveaux amis, agrandir la famille des roses, voilà sa vie. De sa famille à la grande famille de ses amis et des hommes qu'il rencontre au fil de ses innombrables voyages, il n'y a qu'un pas qu'il franchit avec allégresse, toujours disponible et curieux, sans s'attarder sur le passé, sans l'oublier non plus. Ses racines, l'histoire de sa famille sont la fondation de sa vie et de celle des générations futures, enfants et petits-enfants de la rose, le socle solide sur lequel ils s'appuieront toujours, fidèlement, pour écrire la suite de cette histoire, qui est leur histoire.

► Alain Meilland et sa mère Louisette observant une rose nouvelle dans un champ d'expérimentation.

▼ Alain Meilland avec son père Francis Meilland, en 1949. À l'âge de neuf ans, Alain a déjà trois ans d'apprentissage des roses derrière lui.

Alain, c'est Alain Meilland, l'infatigable chef d'orchestre de la maison Meilland. Le descendant d'une lignée de rosiéristes, d'amoureux des roses qui dédient leur vie à la reine des fleurs, pour notre plus grand bonheur. C'est un nom qui reviendra souvent sous ma plume, puisqu'il anime aujourd'hui la maison Meilland, la conduit dans une voie qui prolonge celle que ses parents, Francis et Marie-Louise Meilland, avaient tracée et que ses grands-parents, Antoine et Claudia Meilland et Francesco et Marie-Élisabeth Paolino, avaient initiée avant eux. C'est pourquoi j'ai voulu qu'en tête de ces lignes figure ce prénom qui résonne comme un sésame parmi tous les fidèles de la maison Meilland. À ses côtés, Raymond Richardier, un autre grand nom de la rose, le fils de Francisque Richardier, l'associé de son père, qui, par un joli hasard de l'existence, épouse sa sœur, Michèle Meilland. L'histoire de cette famille est ainsi tout imbriquée de personnages qui se dévouent pour les roses, dans le domaine de compétence qui leur est propre. Raymond s'occupe surtout des rosiers de jardin et de leur commercialisation, Michèle de l'hybridation des roses… nous découvrirons peu à peu tous les membres de cette grande famille qui s'accordent pour faire vivre le nom de Meilland à travers tous les continents.

La carrière d'Alain a commencé tragiquement, avec la mort brutale de son père, Francis, en

◄ 'Prélude'.

▼ 'Galaxy'.

1958, alors qu'il n'était âgé que de quarante-six ans. Alain en a dix-huit à l'époque. Il avait déjà quitté l'école, qui ne l'intéressait guère, pour rester auprès de son père, suivant peut-être une intuition inexprimée, un pressentiment sur le cours de son existence. Quelques mois après la mort de Francis, Alain accompagne sa mère et son grand-père, Antoine Meilland, aux États-Unis, sorte de pèlerinage sur les lieux mêmes où Francis avait eu les grandes inspirations qui devaient guider la conduite de l'affaire familiale. C'est leur premier voyage, à tous les trois. Ils découvrent l'Amérique. Les amis et associés américains qui rencontrent Alain le considèrent immédiatement comme le successeur de son père. À dix-huit ans, l'insouciance est à oublier, mais il ne semble pas écrasé par le poids de ses responsabilités. Il est vrai qu'il prend appui sur ses grands-parents, sur sa mère, Marie-Louise, et sur leur associé, Francisque Richardier, d'une fidèle et rassurante solidité, qui tous lui permettent d'être serein à l'heure où s'impose cette relève prématurée. Marie-Louise veille à la bonne marche des affaires, aidée des conseils de Sydney Hutton senior, leur représentant américain. Les décisions se prennent en famille, elles sont réfléchies, discutées, consensuelles. C'est encore le cas aujourd'hui, chez Meilland : chacun y exprime ses opinions, chacun y joue son rôle, actif, dans son secteur de responsabilités. Alain ne se laisse jamais abattre, trouvant toujours un moyen de retourner la situation, afin qu'elle soit belle, qu'elle soit gaie, qu'elle soit riche en amitié. En 1958, il prend une valise de représentant, l'emplit de catalogues et de roses et s'en va sur le terrain, découvrir le reste du monde des roses, ce qui est accompli, ce qui est à faire. États-Unis, Allemagne, pays d'Europe et d'ailleurs défilent sous les vives enjambées d'Alain, toujours à courir, vers l'avenir. Le voyage aux États-Unis qu'il fit en 1958, comme son père avant lui, en 1935, lui apprit beaucoup. Avec Raymond Richardier, ils parcoururent le pays ; et aujourd'hui, ils y envoient leurs enfants pour leurs études, parce qu'ils savent tout ce qu'ils doivent à l'observation de ce fabuleux continent. 1998 : quarante ans ont passé depuis la mort de Francis Meilland, depuis ce premier voyage d'Alain aux États-Unis, et depuis ses débuts dans la maison, un bel anniversaire !

▲ 'Bolchoï'.

« C'est ainsi que j'appris, en voyant de jeunes semis de fécondation artificielle, que l'on pouvait vraiment faire de belles choses dans notre métier. Ce goût de la création qu'avait abandonné ma famille par suite de la guerre et de difficultés de toutes sortes venait d'exercer sur moi son emprise et je suis persuadé que le flambeau familial s'est trouvé rallumé ce jour-là. »

FRANCIS MEILLAND

SES VOYAGES FIRENT SON ÉDUCATION, il y puisa l'essentiel de sa formation, apprenant au passage tant de langues. Sa conception du monde des roses, ses objectifs, c'est alors qu'il se les fixa, dès l'origine, dès ses premiers voyages, et en cela il prolonge l'action de son père, puisque, comme lui, il estime que la recherche est l'activité primordiale de la maison, la clé de voûte de l'édifice Meilland. Et que sans base légale de protection des obtentions végétales, la recherche de roses nouvelles est sacrifiée, le commerce anarchique.

Alain est un homme aux intuitions fortes, persuadé qu'il y a des milliards de possibilités, dans des endroits totalement insoupçonnés. Dans son bureau du Cannet-des-Maures – où il est si rarement, toujours en voyage, toujours au-dessus des nuages –, on trouve deux téléphones, un planisphère piqueté de roses, repères de l'activité de la maison Meilland dans le monde, une phrase affichée au mur : « la limite du marché est celle de notre imagination », et la porte toujours ouverte, sur l'imprévu, sur ceux qui travaillent avec lui, pour ceux qui passent, oreille sur le monde. Il vit à l'échelle planétaire, pensant sans cesse à ceux qui sont au loin, à Philippe en Russie, à Jean au Zimbabwe… À chaque fois que son goût de l'aventure le taraude, que son penchant pour le risque le

Alain Meilland aux premières floralies de Paris en 1959

« Je me souviens, en 59, j'étais aux premières floralies colossales à Paris, à l'inauguration de ce palais au milieu de la Défense, appelé le CNIT maintenant. En mai 59, j'avais dix-neuf ans, j'étais l'espoir de la maison, son porte-drapeau, un peu son image. Le général de Gaulle, la reine mère d'Angleterre sont venus sur le stand, c'était quelque chose de très impressionnant. On avait dû me mettre des piles parce qu'on tournait nuit et jour ; au bout de dix jours j'ai dû m'endormir dans mon costume qui était plein de poussière et qui se déchirait tout seul, car il avait été brûlé par le ciment de ce nouveau bâtiment. Nous avons passé dix jours dans une euphorie formidable, un enthousiasme extraordinaire alimenté par un objectif commun auquel travaillaient les deux équipes du Cap et de Tassin. Notre but, créer des événements pendant l'exposition. J'avais l'impression, c'était en 59, cela faisait un an que mon père était décédé, qu'on nous faisait confiance. On était là avec nos idées de présentation, la presse était à nos côtés, c'était énorme. Quand je feuillette les vieux albums de photos, je me souviens du moment extraordinaire que ce fut pour nous et des millions de gens, près d'un million le 1er mai, plus de quatre millions pendant tout le salon. Ce sont des événements qui ont marqué une équipe, qui m'ont marqué moi, et c'est ce souvenir d'une dynamique formidable que je veux transmettre à la sixième génération. »

◄ La visite de la reine mère d'Angleterre sur le stand Meilland aux premières floralies de Paris (24 avril-3 mai 1959).

bouscule, il fonce. Sans risques, la vie ne serait pas riche de surprises, de découvertes, de nouveaux amis. Il n'est pas question ici du risque insensé, pour le plaisir pur, mais d'un risque mesuré, fondé sur l'intuition, comme le développement vivant de cette intuition, quand tant aujourd'hui n'agissent que lorsqu'ils sont sûrs de réussir et donc ne font rien. Qui aurait cru, il y a tout juste deux ans, que des roses Meilland seraient vendues à Alma-Ata ? Qui aurait cru à la vague rose qui submerge l'Amérique latine ? Il y a vingt-cinq ans qu'Alain mit le pied pour la première fois en Amérique du Sud. Et il est fier aujourd'hui de cette présence des roses Meilland du golfe du Mexique à la Terre de Feu, des bottes de roses qui y sont vendues, des champs de roses qui y sont cultivés et, plus que tout, des amis qu'il s'y est faits, de la complicité si naturelle qui s'est établie entre lui et des cultures réunies sous le dénominateur commun de la langue espagnole.

ALAIN N'A D'AUTRE LIMITE que celle de son imagination : ce n'est pas qu'une formule sur un mur. Quand on lui dit : « Prends garde, que vas-tu donc faire en Équateur, au Mexique, au Costa Rica, en Colombie ? Dans ces pays où la culture des roses n'est soumise à aucune législation, où des troubles parfois naissent en un instant, tu vas faire la révolution ? » Alain répond : « Oui, j'y vais faire la révolution de la paix ! » Quand on cherche à freiner ses ardeurs combatives, il répond par la rose, la rose qui adoucit, la rose de la paix. Dans ces Amériques du Sud, on l'a surnommé « le guérillero de la paix ». Ambassadrices d'amitié, les roses Meilland tressent, pays après pays, une couronne de roses autour de la planète, de roses de la paix.

« Les roses se font des amis partout », confirme Alain, qui le constate depuis sa naissance. C'est la messagère idéale, depuis toujours porteuse de sentiments heureux, et cela jusqu'au dernier jour, puisqu'elle symbolise la fleur du paradis, la fleur d'Éden. Créée pour le beau, pour le bien, jamais le mal n'entache la rose ; « on n'achète pas quelqu'un avec une rose », rappelle Alain. La rose se donne, s'offre pour la joie de tous, de ceux qui ne peuvent plus voir, mais encore respirer ses senteurs sans pareilles. Peut-être est-ce pour cette raison que la douce et sainte Élisabeth, jeune reine de Hongrie, au début du XIIIe siècle, est toujours représentée des roses à la main, des roses couvrant sa robe ou bien encore retombant en gerbes à ses pieds, elle qui, après avoir été réduite à la misère à la mort de son époux, s'occupa de consoler les plus pauvres, munie de son seul sourire et de la beauté des roses.

Ce qui est le plus important pour Alain, ce sont les hommes, les sentiments. Il n'apprécie guère le

> On m'appelle le guérillero de la paix.
> ALAIN MEILLAND

◄ Page ci-contre : massif de 'La Sevillana' dans le midi de la France.

▼ 'Paris d'Yves Saint Laurent'.

► Photo de famille avec, de gauche à droite, Raymond et Michèle Richardier, Nadine et Alain Meilland.

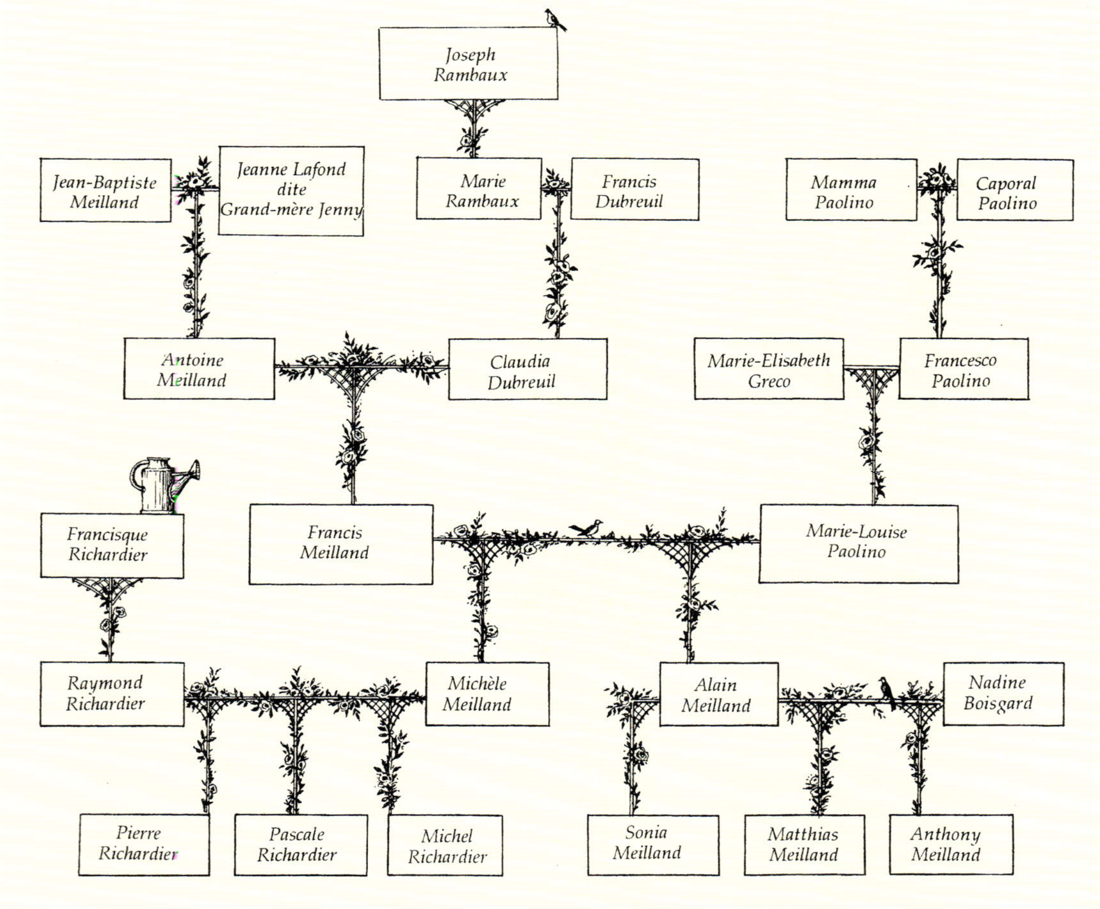

▼ L'arbre généalogique de la famille Meilland-Richardier.

machinisme outrancier, regrette le manque de vraies relations entre les hommes, et ne supporte pas que les individus soient classés, fichés. Son individualisme, il le met au service de grandes causes communes, la recherche du beau, le don de la joie, l'amitié. Comme il est important, autour du langage des roses, de maîtriser la connaissance des langues ! Pas uniquement la langue grammaticale, apprise dans des manuels, mais la langue parlée, avec ses usages, ses connotations, ses familiarités. C'est pourquoi les hommes de chez Meilland s'installent pour de longues années dans les pays qui seront ensuite sous leur responsabilité pour le développement des roses Meilland, afin de s'immerger dans leur culture, toujours différente et parfois très éloignée de nos systèmes de pensée coutumiers.

L'autre grand attachement d'Alain est sa famille, au sens le plus large et le plus accueillant. La première chose qu'il m'ait dite, avec son chaleureux sourire, lors de notre première rencontre, c'est qu'il n'aimait pas le terme d'entreprise ou de société pour parler de Meilland, mais qu'il préférait celui de maison, qui se rapproche de la notion de famille, primordiale pour lui. J'espère n'avoir trahi ni sa pensée, ni les multiples facettes de la maison Meilland au long de ces pages. Je lui laisse la parole, prise sur le vif, un lumineux après-midi de septembre, pour décrire la famille des roses, dont l'entente, véridique et profonde, est exceptionnelle : « Cette maison est constituée par la sixième génération d'une famille, à laquelle s'ajoutent les membres non directs avec lesquels nous travaillons. La famille n'est pas ce qu'il y a de plus facile, chacun a sa personnalité, ses désirs, sa liberté. La maison est bâtie avec la tête, le cœur, l'intelligence de chacun. Nous pouvons ainsi construire une stratégie sans beaucoup se parler ; comme dans toute famille, une respiration commune nous anime qui nous permet de nous adapter rapidement. »

« Des roses de la tendresse venez semer mes jours »
BÉRANGER, *Rêveries*

Un don de famille

Dans son carré d'hybridations où les couleurs répondent aux parfums, où les rosiers grimpants voisinent avec les rosiers nains, Michèle Richardier, affectueusement appelée Michou, tisse de secrets mariages. Elle commença par hasard.
Manou (Marie-Louise Meilland) tombe malade au mois de mai, le mois même des hybridations. Elle appelle sa fille au chevet des roses pour la guider dans les croisements qui sont à faire maintenant, tout de suite. Et Michou, le cœur battant mais la main sûre, rythme ce joli mois de mai de la silencieuse minutie des hybridations. Providence n'est-ce pas que cette voie imposée, d'où sortiront tant de merveilles dont 'Grand Gala' née trois ans après la mort de Manou, comme son legs inscrit dans les mains de Michou, un héritage à faire fructifier, pour la conforter dans ce chemin de croisements.

◄ 'Marie Curie'.

Des roses… des lieux… et des hommes

Les roses Meilland fleurissent le monde et, chaque année, enchantent un pays nouveau. C'est un membre de la famille, de la grande famille Meilland – tous ceux qui travaillent ensemble au succès des roses Meilland – qui part, sous l'impulsion d'Alain, à la conquête d'un nouveau bout de territoire, là où les roses sont absentes, ou rares, ou méconnues, sur le continent africain, en Inde, aux Amériques, en Asie… Les Meilland vivent à l'échelle planétaire, une horloge à fuseaux horaires dans la tête, des pensées pour chacun de leurs ambassadeurs.

Ce besoin d'aller de l'avant, ce goût de l'aventure, leur vient de leurs ancêtres italiens, les Paolino, hauts en couleur, qui n'ont pas hésité à émigrer de leur Calabre natale pour se risquer à recommencer leur existence en France. N'était-ce pas une formidable intuition que celle de Francesco Paolino, guidé par son amour immodéré des roses, d'abandonner sa boutique de bottier à Antibes, pour aller louer une parcelle de maquis au Cap d'Antibes, lieu inhabité, inexploré ?

« Les roses sont le décor de ma vie, mais c'est l'homme qui est important. »
ALAIN MEILLAND

◀ Page ci-contre : 'Claudia'.

▲ Louisette Paolino et Francis Meilland.
À droite : Alain enfant avec son père Francis Meilland.

▲ Antoine Meilland.
► Antoine Meilland, sa femme Claudia, née Dubreuil, et leur fils Francis.

C'étaient des hectares à défricher, auxquels nulle route ne menait, qu'il réussit à faire acheter par sa famille, en attendant de pouvoir les rembourser. Là, il cultivait des fleurs, qu'il vendait sur les marchés, puis il se consacrait à sa secrète passion, la culture et l'hybridation de roses. Dans ce travail ardu vint le suivre la jeune parfumeuse de Grasse, apprentie repasseuse, Marie-Élisabeth Greco. Jour après jour, les roses poussaient ; jour après jour, les pierres étaient posées pour construire les fondations de la maison du Cap, la première à avoir profité de la plénitude harmonieuse de la terre rocheuse, du ciel d'azur et de la mer Méditerranée. Cette quiétude brûlante du Cap était celle dont rêvait une certaine madame Antoine Meilland, Claudia, qui mourut trop jeune, trois ans après sa mère souffrante, sans avoir eu le temps de venir voir les bleus méditerranéens et l'or des mimosas. Ce fut au Cap, chez les Paolino, à qui ils envoyaient leur catalogue, qu'Antoine Meilland et son fils Francis, endeuillés, trouvèrent des amis, et celle qui deviendra l'épouse de Francis, Marie-Louise Paolino. Marie-Louise, dite Louisette, est née entourée de roses ; elle en portera à vie la douce marque. À six ans, elle a son carré d'hybridations, celui-là même dans lequel hybride encore aujourd'hui sa fille, Michèle Richardier.

Le Cap fut l'objet de spéculations immobilières et ce ne sont plus des sentes paisibles qui mènent à la maison de famille, ornée de son jardin, du carré de Michèle d'où sortent tant de merveilles, mais des autoroutes. De son premier voyage dans le Midi, Francis retiendra non seulement l'image de la jeune Louisette, la chaleureuse bonté de Francesco et Marie-Élisabeth, surnommés plus tard Pépette et Mémette, mais

ans d'expérience dans l'arboriculture. De Chambœuf, Antoine part donc pour Lyon. Il s'éprend de Claudia Dubreuil et reprend l'affaire de son beau-père, qui deviendra bientôt les Établissements A. Meilland. Antoine et Claudia craignent que l'extension de la ville de Lyon ne leur permette plus de cultiver des roses. Ils quittent en 1923 la maison natale de Claudia, pour s'installer dans la campagne, dans un petit village qui répond au joli nom de Tassin-la-Demi-Lune. Leur maison est toujours là, le jardin, tout en longueur, bordé des banquettes à semis où les roses 'Golden State' et 'Madame Antoine Meilland' virent le jour. La campagne environnante s'est

◄Francis Dubreuil.

▼Red Rose Rent Day, 1958, à West Grove en Pennsylvanie. Alain Meilland derrière le micro pour sa première prise de parole en public ; derrière lui de gauche à droite : Sydney Hutton, Raymond Richardier, Antoine Meilland.

surtout les faveurs du climat, si parfait pour créer des roses, loin des frimas lyonnais.

La plupart des rosiéristes sont établis à Lyon. Dubreuil est l'un d'entre eux. C'est auprès de son beau-père, Joseph Rambaux, jardinier au parc de la Tête d'Or, créateur de roses, que Francis Dubreuil s'éprend des roses, abandonne son métier de tailleur, pour devenir, avec passion, rosiériste à plein temps. Dubreuil devient si réputé comme rosiériste, qu'un jeune garçon, originaire d'un petit village des environs de Saint-Étienne, Chambœuf, souhaite faire un apprentissage chez lui. À la fin du XIXe siècle, le savoir se transmettait de main en main. Ce jeune homme de douze ans n'a qu'une passion, les roses. Mais des roses, pense sa mère, ne nourrissent pas un homme. Devant sa détermination, elle cède, une fois obtenu son certificat d'études. Mais le rosiériste ne prendra Antoine Meilland – oui, c'est bien de lui qu'il s'agit – comme apprenti que lorsque celui-ci aura acquis quatre

▲ Les établissements Meilland à Tassin-la-Demi-Lune.

▼ Le Domaine Saint-André dans le Var.

transformée en champs de roses, s'est peuplée de serres et de maisons, chacune agrémentée de son jardin. C'est à Tassin-la-Demi-Lune que grandit le fils d'Antoine et de Claudia, appelé Francis en mémoire de son grand-père. À la mort de Claudia, en 1932, grand-mère Jenny quitte à son tour sa maison de Chambœuf pour s'installer auprès de son fils Antoine et de son petit-fils Francis. Tout près de la maison se trouve une ancienne bâtisse, vieux couvent orné de portes en demi-cintre, d'épaisses cheminées et de belles pierres, sur lesquelles on peut lire une date gravée, 1674; clos de murs, un jardin dans lequel paissent des vaches; au fond, une serre adossée à un mur au sud, qui abritera les semis d'Antoine; devant des champs à perte de vue, un ensemble parfait pour la culture des roses. La bâtisse est achetée, puis restaurée pour abriter les chambres des ouvriers agricoles qui travaillent dans les champs de roses, une cuisine, une salle à manger qui réunit la famille et les employés, des bureaux pour Antoine et Francis, une petite pièce où l'on trie et emballe les rosiers, prêts à être expédiés, après avoir séjourné en chambre froide. Les Meilland furent les premiers rosiéristes à s'être dotés d'entrepôts frigorifiques, grâce aux revenus des droits de la vente de 'Golden State' aux États-Unis.

À Tassin-la-Demi-Lune, les bureaux de Meilland sont toujours dans la belle demeure, fraîchement repeinte en rose, environnée du jardin planté d'arbres magnifiques et de massifs de roses, puis, plus loin, des champs de culture et des serres où sont multipliés les rosiers. La petite serre en appentis n'est qu'un rappel des temps anciens, mais les souvenirs sont là et les figures légendaires semblent encore vous accueillir de leur sourire. Là se trouvent toujours les bureaux de l'administration de la branche commerciale qui gère un important catalogue de vente de rosiers par correspondance et le bureau de Raymond Richardier, qui connaît toutes les tendances du marché et s'occupe en particulier de la sélection et de la diffusion des rosiers de jardin; auprès de lui, son fils, Michel, qui lui succède en Europe et supervise les champs de roses indiens, de ces lieux dont les noms retracent l'épopée de la Compagnie des Indes, Madras et Bangalore. Tandis que Pierre, en plus de ses fonctions au Cannet, sème des roses Meilland sur tout le continent nord-américain et supervise les rosiers qui croissent sous le soleil africain.

Francis, dont l'esprit vole plus qu'il ne court, Francis, toujours en avance sur son temps, Francis ne pense qu'à la recherche de roses nouvelles. La production de rosiers est bien trop prenante. Il veut se risquer à ne faire que de la recherche, et cela dans un climat où les intempéries seront

'Papa Meilland'

La plus belle et la plus capiteuse des roses. D'un bouton pourpre foncé, bien turbiné, naît une fleur pleine au riche coloris de velours pourpre irisé de cramoisi avec des reflets noir bleuté et un parfum puissant et délicieux. La plante est vigoureuse, de hauteur moyenne, et possède un feuillage ample et dense.
Papa Meilland est le surnom d'Antoine Meilland, qui, poussé par son amour des roses soutenu par une détermination à toute épreuve, voue sa vie aux roses et à sa famille : Claudia, sa femme, Francis, leur fils, Marie-Louise, sa belle-fille, Michèle et Alain, ses petits-enfants, grand-mère Jenny, sa mère, Francesco et Marie-Élisabeth Paolino, ses amis. C'est lui qui donna à la rose le nom de Meilland, celui qui fait parler les slogans : « Une rose ? Non une Meilland ! » ou bien « Meilland, la rose a sa griffe ! »

▶ Manou Meilland.

'Manou Meilland'

Manou, c'est Marie-Louise Paolino, qui épouse Francis Meilland ; c'est elle qui hybride sans relâche et qui prolonge l'œuvre de son mari, qui parachève l'apprentissage de ses enfants dans le monde des roses. À son nom, un rosier buisson, qu'elle obtient en 1979, qui se double en 1997 de son homonyme grimpant. Très florifère, il offre sans discontinuer tout l'été jusqu'à l'automne des masses de fleurs doubles bien épanouies. Les cinquante pétales se parent de rose indien qui parfois joue avec la lumière en nous renvoyant un reflet argenté. C'est un rosier pour tous les climats, tous les sols, mais qui aime le soleil, souvenir de sa Provence natale.

moins périlleuses pour les semis. Il cherche alors à vendre sa belle entreprise florissante pour démarrer une vie nouvelle. Sa femme Marie-Louise l'approuve dans ses projets, heureuse à la perspective de retrouver le Cap d'Antibes et ses parents. Antoine Meilland, lui aussi, approuve son fils ; il se réconforte à la pensée que sa femme Claudia aurait aimé Antibes, qu'elle en rêvait souvent en tapant le nom des Paolino sur le catalogue qu'elle leur envoyait. L'acheteur qui se présente pour les Établissements Meilland est un concurrent, un grand producteur de rosiers des environs : Francisque Richardier. Cet homme leur propose non pas de racheter leur affaire, mais de s'associer avec eux, de partager le capital. Admirable homme qui ôta leurs derniers regrets aux Meilland, puisqu'ils ne partaient ainsi qu'à moitié. En mai 1948, les Établissements A. Meilland deviennent donc Meilland-Richardier, et se destinent à produire des rosiers de jardin, tandis que la famille Meilland part pour le Cap d'Antibes, rejoindre les Paolino et créer une nouvelle entreprise uniquement orientée vers la recherche de roses nouvelles, l'Universal Rose Selection. En même temps, profitant des heureux cadeaux de la vie qui lui permettent d'aller de l'avant, comme 'Madame Antoine Meilland' appelée 'Peace' aux États-Unis – où les *royalties* procurées par la vente de ce rosier célèbre assurent la couverture des charges de l'entreprise –, Francis s'attelle à l'autre œuvre de sa vie, la protection des droits des obtenteurs en France, puis dans le monde, une action que continuera et développera son fils Alain après lui, assisté de sa fille Sonia. Francisque Richardier ne sera pas qu'un simple associé, il deviendra l'ami de Francis Meilland, le conseiller de Marie-Louise à la mort de Francis, « l'oncle » des enfants. Et Michèle, la fille de Francis et de Marie-Louise, réunira par des liens familiaux ces liens de cœur déjà existants : elle épousera Raymond Richardier, le fils de Francisque. Comme sa mère avant elle – merveilleuse histoire qui se tisse en cercles successifs –, elle vivra à Tassin, dans son beau jardin empli de roses, rêvant des cieux du Cap, où elle reprendra la maison familiale.

RAYMOND, À SON TOUR, préparera l'avenir, et prospectera, au début des années 60, les alentours de Lyon, pour étaler ses rosiers dans des champs sans fin, tout en gardant les bureaux à Tassin-la-Demi-Lune. Près du hameau de Lafayette, à une trentaine de kilomètres de Lyon, une grande plaine s'étend, embaumant la rose en juin, brune et sobre en automne, avec les grandes tiges dénudées des porte-greffe et les courts rosiers destinés à être arrachés pour être expédiés. Les parcelles des cent quarante hectares sont utilisées en rotation pour laisser à la terre le temps nécessaire au repos. Les rosiers, une fois greffés, puis adultes, sont prêts à être expédiés pour embellir parcs et jardins. L'arrachage se fait au cours des mois d'octobre et de novembre. Francis avait inventé une « arracheuse » pour alléger ce travail d'autant plus pénible quand la terre est humide,

Alain Meilland, 'Grand Gala' et l'Argentine

'Grand Gala' est la nouvelle rose rouge des Meilland, l'image même de la rose rouge, d'une prestance, d'une richesse de coloris et de qualités telles qu'Alain en a fait son étendard. C'est un hybride de Thé, légèrement parfumé, au feuillage vert foncé, brillant comme pour mieux encore mettre en valeur de grandes fleurs rouges, au bouton conique, supportées par des tiges sans épines. Oui, une rose pour bouquet, sans épines ! Bonheur des fleuristes comme des mains délicates qui les disposeront dans des vases. Une rose rouge sans épines, l'amour sans les tourments, la joie sans les peines... Cette rose réunit en elle toutes les aspirations d'Alain et, avec lui, de tous les membres de la grande famille Meilland, car, grâce encore à ces clins d'œil dont Alain est familier, cette rose rouge pour bouquet devient aussi rose rouge de jardin. La rose rouge des fleuristes est également celle des amateurs. Recherche de fleurs coupées, recherche de roses de jardin, la communication établie entre ces deux domaines montre la voie des prochaines décennies. Cette rose a parcouru les circuits habituels d'une fleur à couper : sa tenue en vase, la longueur de ses tiges, sa résistance aux maladies, sa capacité de voyager ont été mesurées en serre. Mais la découverte par Alain d'une modeste affaire de piraterie va faire germer une nouvelle idée... c'est là encore tout l'œil et le talent d'Alain. En visite dans un joli jardin de Buenos Aires, que la maîtresse des lieux veut faire admirer, ou peut-être juger par l'œil du maître, Alain Meilland s'arrête sur une rose qu'il connaît par cœur, une rose hybridée par sa sœur Michèle. Pourquoi s'arrête-t-il, lui qui en voit tant, des roses ? Il est étrange que cette rose soit là alors que les importations de roses sont interdites, les créations Meilland ne sont pas protégées dans ce pays, et donc n'y sont pas vendues. Cette rose ne devrait pas être là. D'autant moins que c'est une rose dont la culture a été prévue pour la serre, pour donner des roses à foison, quatre à six fois l'an, pour faire de splendides bouquets, ce n'est pas une rose de jardin. Et voilà que, soudain, cette rose, piratée, clandestine, s'impose avec élégance dans un jardin. Le téléphone toujours à portée de main, Alain appelle Aline Converset, qui répercute les demandes d'information sur 'Grand Gala' dans les serres et surtout dans les jardins, hollandais et allemand, où elle a été testée pour évaluer sa capacité d'être multipliée. Il se confirme qu'elle a bien toutes les qualités d'une rose de jardin, mais la recherche s'étant fixée sur une fleur de bouquet, le lien avec le jardin n'a pas été établi. Une information capitale provient d'Allemagne : 'Grand Gala' a une capacité de résistance au gel et aux maladies qui n'a pour égale que la championne mondiale 'Bonica 82', le rosier paysager qui ne nécessite aucun entretien, le seul à supporter des froids nordiques et des gels de longue durée. Ce secret fut bien gardé jusqu'à l'été 1997, date à laquelle 'Grand Gala' fut la première rose à bénéficier d'une protection légale en Argentine. Et c'est à l'Argentine encore, qui lui avait révélé sa rose sous un nouvel aspect, qui lui avait permis de découvrir sa perfection, qu'Alain accorde la primeur de la nouvelle, en même temps qu'il en autorise la multiplication et la vente comme rosier de jardin.

'Sonia Meilland'

Sonia, la fille d'Alain, née en 1968, a parrainé la rose la plus vendue et la plus plantée du XXe siècle ! Créée pour le bouquet, elle a continué sa carrière comme rose de jardin. Chère Sonia, merci d'être là et d'avoir embelli de votre prénom les pétales d'une rose, au tendre coloris rose porcelaine, au parfum fruité, qui fit tant d'heureux. Les parents de la rose sont 'Zambra' x ('Baccara' x 'White Knight'). Et Sonia retrouve ainsi son arrière-grand-mère puisque 'White Knight' n'est autre qu'un croisement entre 'Virgo' et 'Madame Antoine Meilland'.

lourde et froide. Un tracteur passe au-dessus des rangs de rosiers en soulevant profondément avec une motte de terre les rosiers qui défilent sur une courroie avant d'être récupérés à l'arrière par deux hommes qui les empilent en tas réguliers sur le bord du rang. Derrière eux, une équipe les charge sur une remorque. Triés par variétés, ils sont ensuite parés, puis stockés à une température proche du degré, puis bottelés et étiquetés. Les branches sont trempées dans une solution anti-transpirante, puis encapuchonnées de cire pour éviter la dessiccation. Ils sont alors expédiés selon les commandes, à racines nues ou en mottes de compost enveloppées de toile de jute, emballage qui leur permet de se conserver plusieurs mois sans être plantés.

Tassin, le Cap d'Antibes, la famille semble enfin être installée, pour de bon. Mais Francis, de même qu'il avait pressenti la nécessité de s'installer au Cap d'Antibes, pense qu'un jour la propriété sera trop petite. La Côte d'Azur attire de plus en plus de monde, les maisons se dressent, l'une après l'autre, à chaque fois plus serrées les unes contre les autres. Michèle se souvient de certains dimanches de son enfance passés à sillonner la Provence, en voiture, avec ses parents, à la recherche d'un lieu qui pourrait un jour remplacer les terres du Cap d'Antibes. Leur choix se porte finalement sur un terrain isolé, à quelques kilomètres d'un petit village, Le Cannet-des-Maures. La situation rappelle celle de Francesco Paolino défrichant ses terres du Cap. Au loin, la vue s'étend jusqu'au massif des Maures, qui se couvre vers le soir d'une onde mauve ; les oliviers tout noueux et tordus de vent agitent leur feuillage argenté. Les cigales crissent. Le vent, en rafales, adoucit les rayons du soleil et vous emporte dans de puissantes effluves de roses. C'est fou comme l'air embaume, comme ces brises vous attirent et imprègnent le souvenir de façon indélébile. La route qui y mène est toute cabossée, un reste de chemin de terre, mais elle rejoint, par le rond-point de la Paix, l'autoroute qui file de Nice à Toulon. Les champs de roses s'étendent comme à l'infini, entre des haies de bosquets épineux. De temps à autre, sur une voie qui semble abandonnée, passe un train qui siffle encore. Et là, dans ce site sauvage, se dresse la blancheur des serres qui se cachent l'une l'autre, lieux magiques où tant de nouveautés grandiront.

ELLES NE FURENT INSTALLÉES que progressivement entre 1968 et 1976 pour couvrir une superficie de trente-deux mille mètres carrés. Plus loin, un petit canal alimente une antique fontaine en pierre sculptée, aux gouttelettes pleines de soleil, qui retombent avec un son frais. Il donne un peu de fraîcheur à la vieille bergerie qui souvent, aujourd'hui, abrite des bouquets. Là se dresse aussi, toute haute, la bastide provençale, dominant le canal et de l'autre côté les jardins en terrasse qui vont se noyer dans les champs d'oliviers. Personne aux alentours, seulement des oliviers et des rosiers. Et le silence peuplé, aux petites heures du matin comme à la tombée du jour, des pépiements de la nature, tout immobile et épais sous la chaleur de midi. L'heure du déjeuner rassemble ceux qui le veulent, à l'ombre de la grande salle à manger qui abrite une longue table ou bien sous l'ombrage léger et mouvant des arbres en contrebas. C'est le domaine Saint-André, acheté en 1957, où logent souvent les amis du monde entier venus voir les roses. La maison n'a rien perdu de son charme. Avec un peu d'imagination, on plonge sans peine dans les souvenirs de vacances de Michèle, dans les odeurs de confitures qui cuisent, dans les cris d'enfants qui s'éclaboussent du bassin de pierre, dans l'atmosphère de liberté que crée une bande d'une douzaine d'enfants sous la garde attendrie de Michèle, qui joue à être mère, tante et cousine tout à la fois. L'après-midi d'été assourdit les bruits et permet aux rêves de jouer semi-éveillés, de respirer l'odeur des herbes chaudes, des roses épanouies et des lavandes à demi séchées.

Des bribes de vacances semblent se glisser entre les convives qui se reposent à l'ombre des arbres, savourant un déjeuner champêtre où les fougasses aux olives et les pissaladières répondent aux petits fromages de chèvre et aux grosses tomates dont l'odeur rappelle le potager. Suédois, Anglais, Espagnols se comprennent sous le signe de la rose et d'un bon petit rosé. C'est une pause entre deux conférences, deux visites, deux discussions que s'accordent les représentants Meilland dans le monde, ceux qui testent les roses sous leur latitude.

SI LES RACINES DE MEILLAND se ramifient de Tassin-la-Demi-Lune au Cannet-des-Maures, les roses, en revanche, naturalisent de nouvelles terres. Les roses Meilland semblent avoir la planète pour patrie. L'appel du large attire les roses au-delà des mers, au-delà des frontières. En Afrique, comme en Amérique latine, les roses s'implantent pour l'exportation avant de provoquer la demande et la naissance d'un marché local. Comme le café vint jusqu'à nous, et sut se rendre indispensable, de même la rose, partie pour l'Amérique du Sud, belle et séduisante étrangère, à la portée de tous, saura conquérir de nouveaux marchés et devenir irremplaçable. C'est ainsi qu'en Colombie la rose est venue remplacer le pavot dans les champs pour s'exporter par milliers de bouquets aux États-Unis. Les conditions de culture sont si favorables à la rose que certaines variétés, telle 'Visa', s'y développent de façon spectaculaire : les fleurs sont bien plus grosses que celles qui naissent en Europe. Il faut dire que la rose arrive toujours précédée d'un *a priori* favorable, celui d'être aimée. Il y aura toujours, quelque part dans un vallon de la cordillère des Andes, une rose dans un vase, même si celui-ci est une bouteille de Coca-Cola.

C'EST BIEN POURQUOI, depuis vingt-cinq ans, Alain prospecte l'Amérique latine, où il passe un tiers de sa vie. L'Argentine est son dernier coup de cœur. La chance le guide, le met sur la piste, un petit bout de chance qu'il sait saisir, même lorsque tout semble impossible. C'est au Mexique, en mars 1996, lors d'une exposition florale, qu'on lui propose de participer à une exposition en Argentine, le 29 mai suivant. Alain accepte d'emblée, bien qu'il n'y ait pas de lois protégeant les obtentions Meilland en Argentine, bien qu'il ne connaisse pas le pays, bien que ses fleurs soient retenues quatre jours à la douane. Mais il y est. Et il y reste. Il offre deux mille rosiers à la ville de Buenos Aires pour l'inauguration de la roseraie de Palermo, l'immense parc de la capitale, en juin 1996. Le président est là, prononce son discours, et s'en va couper le ruban inaugural. Les *cameramen* des six télévisions présentes, les journalistes s'élancent à sa suite. Mais les câbles sont trop courts ! Ils se tournent vers Alain, qui n'a pas suivi le mouvement et qui parle aussi bien l'espagnol que l'italien, l'anglais ou le français, et qui répond du tac au tac à toutes les questions ; aucune improvisation ne lui fait peur. Et voilà que d'inconnu, il devient célèbre, en une seule soirée. Quelles sont ces roses qui ornent El Rosedal de Palermo ? Elles sont expédiées, réceptionnées sous le nom d'une rose libre de droits, 'Queen Elisabeth' – avec 'Peace' la plus connue des roses. Mais c'est un faux nom ! Tant que les

'Matthias Meilland'

Aussi rouges que les roses 'Anthony Meilland' sont jaunes, d'un rouge géranium éclatant, les roses 'Matthias Meilland', du nom d'un des fils d'Alain et de Nadine, sont groupées par bouquets, jusqu'à huit fleurs par tige, et se succèdent tout l'été en une lumineuse floraison ininterrompue.

variétés Meilland n'ont pas été protégées légalement, c'est celui qui resta en vigueur. Été 1997, c'est la révélation : ces roses magnifiques sont 'Paris d'Yves Saint Laurent' ! Cette rose pour bouquets fut adaptée au jardin, et plantée pour la première fois comme rose de jardin à Buenos Aires ; quelle sortie officielle !

LE PROCHAIN PROJET avec l'Argentine est celui d'un concours international de roses, qui sera non seulement le premier de l'hémisphère Sud, mais aussi de l'ensemble des Amériques. Il existe des concours de roses aux États-Unis qui réunissent les obtenteurs, mais essentiellement d'Amérique du Nord, à cause des lois de quarantaine qui s'appliquent aux végétaux. Alain se souvient qu'il avait été fort impressionné en 1958, quelques mois après la mort de Francis, par une exposition de roses qui était très solennisée, bien loin de ce qui pouvait avoir lieu en France. Le Red Rose Rent Day rappelait, pour la pépinière Conard-Pyle, une clause de leur contrat de location de terrain, une ancienne histoire liée à William Penn, le fondateur de l'État de Pennsylvanie, qui stipulait qu'avec le loyer les Établissements de la Conard-Pyle apportaient en dû une rose rouge le jour du terme. Était-ce une réminiscence de ces tributs de roses, impôts féodaux dus en France et en Angleterre dès le XIIe siècle ? Peut-être, ou bien simplement une jolie idée née à la pensée des roses à naître. Alain raconte : « À l'occasion de cette fête Red Rose Rent Day, à peine deux ou trois mois après le décès de mon père, ma mère, mon grand-père et moi sommes allés pour la première fois aux États-Unis. Nous nous sommes retrouvés au milieu d'une ambiance qu'on ne

'Anthony Meilland'

Ce rosier buisson, du nom du second fils d'Alain et de Nadine, est d'une extraordinaire teinte jaune, à la fois profonde et brillante. Couleur d'or, couleur de blés mûrs, couleur de soleil, c'est tout l'été dans une corolle. Les trois rangs de pétales, irrégulièrement dentelés, s'ouvrent sur des étamines cuivrées. La couleur est si ancrée dans la fleur que même séchée elle demeure, souvenir d'été dans l'hiver.

► C'est la fête des couleurs et des parfums, c'est la fête des roses !

◀ Roses cultivées sous serre.

'Michèle Meilland'

L'idéal fait rose, le raffinement teinté de douceur, voilà cette fleur aux délicats pétales rose pâle, avec en leur cœur de chaudes teintes abricot, s'éclaircissant en un doux rose et en jaune pastel à mesure de l'épanouissement. Une délicatesse naturelle, une douce réserve, voilà Michèle, l'enfant de Francis et de Marie-Louise à qui ils dédièrent cette rose en 1945. Et elle, aujourd'hui, croise sans fin des roses entre elles pour donner de superbes enfants, comme 'Léonidas' ou 'Grand Gala'.

La plus médaillée des roses Meilland

C'est une rose toute jeune, née en 1992, qui a remporté vingt-deux médailles aux concours internationaux de variétés nouvelles. Roses sont ses fleurs, d'un rose indien soutenu, qui se déploie sur de grands boutons qui s'épanouissent en de larges corolles doubles, parfaites ; les pétales du pourtour, épais, s'ourlent légèrement comme pour mieux mettre en valeur le cœur érigé. Un autre indice ? Le feuillage est vert sombre, brillant, très décoratif et très résistant à la maladie des taches noires, porté par un buisson à croissance rapide, résistant aussi bien au froid qu'à la chaleur. Vous avez trouvé cette championne. Non ? Alors je vous livre sa dernière spécificité : c'est, après 'Papa Meilland', la plus parfumée des roses, d'un puissant et inoubliable parfum de rose. Elle est si belle qu'un chanteur célèbre, l'un des plus populaires du XXe siècle, en tomba amoureux et lui donna son nom. Meizeli est son patronyme et 'The Mac Cartney Rose' son nom de scène.

connaissait pas ici, en tout cas pas pour les plantes, un énorme chapiteau, des chaises bien alignées, un podium. Chaque obtenteur devait parler de sa rose au micro et la présenter. Tout de suite, ils m'avaient fait présenter une rose. J'étais derrière cette espèce de micro, ce pupitre, et on ne me voyait pas, j'ai été obligé de monter sur un petit escabeau et de discourir dans un anglais… qui était mon anglais de 58, loin d'être parfait ; c'était impressionnant. D'avoir fait ça m'a fait prendre conscience que je n'étais plus un gamin, que j'avais maintenant une position à occuper. » Le grand concours technique de roses américain, l'AARS (All America Rose Selection), créé en 1937, juge des variétés qui ne sont pas encore commercialisées, cultivées simultanément dans des jardins d'Amérique du Nord aux climats divers. Alain et le directeur du jardin botanique de Brooklyn, Steven Scaniello, échangent des idées pour l'avenir et souhaitent bien faire voler en éclats le protectionnisme américain pour que prenne place aux États-Unis un concours de roses sur le modèle européen qui réunirait les obtenteurs venus du monde entier.

En Europe, les concours se sont multipliés, chacun ayant sa spécificité : l'ADR allemand, très orienté sur la résistance aux maladies, est un concours technique qui se rapproche du type de sélection américain, les concours de Bagatelle à Paris, de Genève, de Monza, de Rome, de Lyon, de Nantes, de La Haye, de Baden-Baden ou d'Angleterre sont des concours traditionnels de variétés nouvelles où les qualités esthétiques de la rose, son épanouissement au jour « j » comptent autant que les caractéristiques physiologiques. Les roses, pour y participer, ne doivent pas encore avoir été commercialisées. Elles sont plantées pendant les deux années précédant le concours, deux années pendant lesquelles elles sont observées par un jury avant d'être jugées par un autre le jour même du concours. Les résultats de ces épreuves, malheureusement trop mal diffusés et peu connus du public, valorisent à chaque fois les roses Meilland, de grandes championnes, une fierté pour leur obtenteur.

AUTOUR D'ALAIN SE DÉPLOIE sa famille, élargie à tous ceux de la maison Meilland, et en premier lieu sa femme, Nadine, qui le seconde sans relâche. Comme toutes les femmes de la famille, grand-mère Jenny, Mamma Paolino, Claudia, Mémette, Manou, Michèle et Sonia, dont les sourires masquent pudiquement le travail inlassable, le soutien confiant, Nadine reste discrète, mais très efficace. Son domaine, c'est le rosier. Non pas celui des roseraies au charme intemporel mais celui des serres où sont produites les fleurs à bouquets. On sait toujours où trouver Nadine : à son bureau, celui de Meilland Star Rose, la société de vente des rosiers destinés à produire des roses pour les fleuristes, à son téléphone, point d'ancrage d'un mari toujours à parcourir le monde.

« La fleur ancienne
Toute neuve
Folle comme avoine
Lucide comme blé
On rit
Vraie comme rêve
Belle comme amour
Rouge comme toujours »
JACQUES PRÉVERT, *Choses et autres*

◂ *'Jacques Prévert'*

Des fleurs volumineuses légèrement parfumées, d'un coloris rouge fraise à l'avers et rouge cardinal au revers. Feuillage très décoratif vert foncé, dense et d'aspect brillant. Floraison très abondante et ininterrompue.
Hauteur : 90 cm environ.
Médaille d'or à Lyon, 1993.

Des roses sous haute protection

Une rose est une création de la nature et appartient à celui qui la trouve. Croyez-vous ? Les choses sont beaucoup plus compliquées que cela : une rose est – aussi – un produit industriel ! Son créateur s'appelle un obtenteur. Et toute nouvelle rose doit être enregistrée, au même titre que toute invention ; elle fait l'objet d'un brevet, légalement déposé, qui détermine son propriétaire. On serait tenté d'ajouter, comme pour les capitaines de navire : son propriétaire… après Dieu.

Quelle idée, d'ailleurs, de ranger la rose au rayon bric-à-brac des inventions. Depuis toujours les hommes croisent des roses et tentent d'obtenir de nouvelles merveilles. Combien de délicats pétales nous sont ainsi parvenus, héritage d'humbles mains anonymes ! Saura-t-on jamais par quelles mains inspirées ou quel joli caprice de la nature est venue au monde la rose rouge et blanche des Lancastre et des York ? Aujourd'hui, l'obtenteur d'une rose nouvelle est sorti de l'anonymat, juridiquement reconnu. Sa création, s'il l'enregistre comme une invention, est protégée par la loi.

« La recherche et tout le reste sont inutiles s'il n'y a pas de base juridique solide, si la loi n'est pas appliquée partout dans le monde. »

ALAIN MEILLAND

◄ Page ci-contre : 'Johann Strauss'.

Qu'est-ce qu'un obtenteur ?

Prenez l'un de ces bons vieux dictionnaires tout gainés de cuir du début du siècle. Vous y trouverez l'« arboriculteur » (ou même « l'« arboriste », peu usité), l'« horticulteur », le « pomologue »... mais pas encore l'« obtenteur ». Aujourd'hui, le mot figure dans le dictionnaire de *l'Encyclopedia Universalis* sur CD-ROM. Mot du XXIe siècle alors ? C'est un mot hors normes, qui s'applique à un très petit nombre de personnes ; comme on dirait un « nez » dans l'univers du parfum. Un mot un peu gauche et faussement moderne pour un métier dont les fruits font la joie de nos bouquets et de nos jardins. Donc un métier indispensable qu'il fallait bien inventer. « Obtenteur », le bien nommé, vient d'« obtenir » qui signifie « parvenir à se faire accorder ce qu'on désire ». Un obtenteur est d'abord un homme heureux par définition, puisqu'il obtient ce qu'il désire. C'est aussi et surtout un créateur, puisqu'il crée, à partir de deux plantes, une plante nouvelle. Et c'est donc un créateur heureux. Certes, la nature a son mot à dire et réserve parfois bien des surprises. Et l'obtenteur devient cet homme dont le travail précis et méthodique est couronné de bonheur par les magnificences de la nature, qui bien souvent dépassent ses humaines espérances. Un obtenteur est un inventeur, et c'est pour cela que ses inventions, ou celles que la nature lui a octroyées, ont le droit d'être protégées. Grâce à Francis Meilland (en médaillon).

Et comme tout propriétaire, l'obtenteur a des droits sur sa création, sur l'utilisation commerciale qui peut en être faite, et donc sur les bénéfices financiers qui en seront tirés.

Un tel rapprochement peut d'abord choquer. Comment associer la rose, la fleur par excellence, le messager éternel de nos amours, à ces mots de marchands : industrie, commerce, bénéfices financiers ? Comment la plume peut-elle écrire « produit » quand la pensée s'attarde sur les pétales d'une rose ? Pour nos esprits poétiques, nourris au lait de Ronsard, les deux termes sont incompatibles, antinomiques, impossibles à accorder. Une fois pour toutes, depuis un certain vers peut-être qui nous parlait d'une Mignonne, une rose est merveille de la nature « qui ce matin avait déclose... » ; un produit n'est qu'une construction humaine, utilitaire ; voilà tout.

C'est pourtant une bien belle histoire qui réconcilie la rose et le brevet, qui donne à un homme ou à une femme l'extraordinaire honneur de s'inscrire dans de grands livres austères, pour marquer la naissance d'une nouvelle rose. Cette histoire appartient à notre chère famille Meilland et découle de l'esprit visionnaire de l'un de ses membres, Francis, qui tira du modèle américain la grande idée de la protection des obtentions végétales.

Francis Meilland avait été impressionné lors de son voyage aux États-Unis, en 1935, par les titres de propriété accordés aux inventions horticoles, qui permettaient à l'obtenteur, grâce au pourcentage substantiel qui lui était reversé du produit de la vente de ses créations horticoles, de se consacrer uniquement à la recherche. Déjà, les revenus procurés par la vente de 'Peace' aux États-Unis étaient très satisfaisants, alors que dans le même temps cette rose, sous le nom de 'Madame Antoine Meilland', était en vente libre en France. D'ailleurs, par l'intermédiaire d'un concours professionnel, le All American Rose Selection (A.A.R.S.), les roses nouvelles étaient assurées d'une production minimale. Le décalage est énorme avec l'Europe où l'obtenteur est soit un amateur passionné qui réalise des croisements à ses heures de liberté, comme un passe-temps, soit un rosiériste professionnel qui y consacre le peu de temps libre que sa profession lui accorde.

Quelque dix ans plus tard, en septembre 1948, le catalogue des roses est sous presse ; il va bientôt sortir. C'est une grande date annuelle pour une maison de roses. Francis a fait adjoindre à la description des roses nouvelles la mention suivante :

◄ 'Paris d'Yves Saint Laurent'.

Rouge Meilland®

Une couleur, un nom, un emblème. C'est ce symbole qui est choisi pour représenter la famille Meilland et son avenir puisque c'est la première rose lancée par Universal Rose Selection, le nouveau centre dédié à la recherche de roses, qui s'est installé à Antibes en mai 1948. C'est cette rose qui est choisie, comme un talisman, pour être *La Rose,* la première plante brevetée en France et en Europe, un produit créé, enregistré, protégé, le 19 septembre 1951, sous la dénomination variétale : Rim 1020.
« Deux roses ont été croisées : celle choisie comme femelle avait pour origine 'Gloire de Rome' pollenisée par 'Tassin'. Celle choisie comme mâle provenait de 'Charles P. Kilham', pollenisée par un semis qui, lui, résultait déjà du croisement de 'Charles P. Kilham' pollenisée par 'Capucine Chambard'. »
Rouge Meilland® est une extraordinaire rose rouge, dotée de trente-cinq à quarante pétales, rouge sang de bœuf moiré d'écarlate brillant, s'éclairant sensiblement par temps chaud.

Une grande plaine s'étend, embaumant la rose en juin.

▲'Concerto'.

► Champ de rosiers.

« Les droits de reproduction à l'étranger étant réservés pour toutes les nouveautés portées au présent catalogue, la vente et la revente de ces articles hors de nos frontières se trouvent strictement prohibées sauf notre autorisation contraire. Le fait de passer une commande comporte l'acceptation sans réserve de cette clause. » Il se rend compte, trop tard, que cette mention est illégale en France. Car si ses créations sont brevetées aux États-Unis, elles n'entrent pas dans le cadre de la législation française. Il n'existe pas de loi spécifique, ni en France, ni en Europe, reconnaissant les nouvelles créations de plantes, mais rien ne s'y oppose non plus. Il est dit simplement que toute invention peut faire l'objet d'un brevet. Peut-on contrôler un jour, encadrer définitivement, un amas de cellules possédant une vie propre ? Aucun cas juridique, aucun précédent ne saurait étayer Francis dans son intuition première qu'une plante nouvelle est un produit inventé.

Il va le prouver. C'est avec son ardeur combative naturelle, toujours pressé par le temps, comme s'il savait qu'il lui était compté, qu'il se penche sur les traités juridiques du droit de la propriété, « la mine à l'inventeur » comme une célèbre thèse de droit l'avait étudié. L'Office des brevets français n'est pas hostile à la démarche, au grand étonnement de l'avocat spécialisé, Paul Mathély, qui accompagne la maison Meilland dans cette affaire. Car affaire il y a. Et elle va durer longtemps, si longtemps qu'elle dure encore. Et toujours avec maître Mathély et maître Valabrègue, experts en protection de marques, qui n'ont jamais perdu un procès.

« L'insuffisance relative des variétés de rosiers à fleurs rouges, exploités dans l'industrie de la fleur coupée, a conduit le demandeur à entreprendre des recherches afin de créer, par synthèse, une plante réunissant tous les caractères heureux des variétés actuelles, entre autres celles désignées dans la publication trimestrielle : *Les Amis des roses*, revue de la Société française des roses éditée à Lyon, sous les noms de Better Times et ses

◀ Photo de brevet, variété Meidunkel, c. n° 239
LISTE TYPE : 1. JEUNE POUSSE ; 2. BOUTON AVANT OUVERTURE SEPALES ; 3. BOUTON À OUVERTURE SEPALES ; 4. BOUTON À OUVERTURE PÉTALES ; 5. FLEUR COURS ÉPANOUISSEMENT ; 6. FLEUR ÉPANOUIE AVERS ; 7. FLEUR ÉPANOUIE REVERS ; 8. FLEUR FIN ÉPANOUISSEMENT AVERS ; 9. FLEUR FIN ÉPANOUISSEMENT REVERS ; 10. RÉCEPTACLE : ÉTAMINES + PISTILS ; 11. RÉCEPTACLE : PISTILS ; 12. TIGE FLORALE ; 13. BRANCHE PRINCIPALE ; 14. 3 FOLIOLES AVERS-REVERS ; 15. 5 FOLIOLES REVERS ; 16. 7 FOLIOLES AVERS.

◀ Les obtenteurs de chez Meilland : Serge Gudin, Alain Meilland, Michèle Richardier, Jacques Mouchotte.

► Francis Meilland expliquant le processus de brevetabilité des variétés de roses.

▼ 'Pareo'.

dérivés, Ulrich Brunner, Mary Hart, Gloire de Rome, Étoile de Hollande, par exemple. En même temps, il devait éviter certains de leurs défauts, notamment : le bleuissement du rouge, l'absence de brillant, une fleur tantôt trop petite et de durée insuffisante ou tantôt une fleur trop grosse et s'ouvrant mal, de mauvaise tenue, d'une texture manquant de rigidité, ou encore une fleur trop sujette à l'oïdium, enfin le rendement insuffisant tant par la qualité que par la quantité de toutes ces variétés. »

« Un long et patient travail de fécondation artificielle, de sélection, de greffage, c'est-à-dire la mise en œuvre de moyens connus, a conduit à l'obtention, objet du brevet. »

(Extrait du Brevet d'invention n°998.081 accordé pour une variété de rosier à fleur rouge *à* M. Francis MEILLAND, résidant en France, Alpes-Maritimes)

En effectuant cette toute première démarche à l'Institut national de la propriété industrielle, Francis Meilland apprend que la demande de brevet doit être déposée dans les douze mois qui suivent l'attribution du brevet prioritaire américain. Un télégramme des États-Unis permet de calmer une inquiétude initiale : le délai n'a pas encore expiré. Mais il n'y a pas de temps à perdre, la course contre la montre est lancée. La demande de brevet a été déposée aux États-Unis le 6 octobre 1948. La copie de la lettre arrive la veille de la date limite. La demande est remise à Lyon le 6 octobre 1949, à 15 heures 50 minutes et simultanément à Bruxelles et à Berne, par téléphone. Le brevet sera délivré par le service de la Propriété industrielle du ministère de l'Industrie et du Commerce le 19 septembre 1951 : Rim 1020 sera désormais un produit breveté, protégé, Rouge Meilland®, une marque déposée, une grande première pour l'horticulture française. La rose porte-bonheur ne renie pas le nom qui lui a été donné par les Américains : Happiness.

L'idée fait son chemin en Europe, avec ses succès et ses échecs. Trois mois après la France,

◀ 'Fire King'.

les Belges adoptent à leur tour l'idée d'un brevet pour un organisme vivant nouvellement créé. Mais trois ans plus tard, au contraire, les Suisses opposent à cette demande un refus, fondé sur le principe que, à la lecture du brevet, l'invention ne pourrait être refaite, pas même par l'inventeur. Il est vrai que, jusqu'à présent, seule la matière inerte faisait l'objet d'une législation de ce type. Ce refus n'a été pour Francis qu'un obstacle à surmonter, une épreuve nécessaire pour affiner le concept de plante nouvelle. La loi helvétique statue sur une formule élaborée à partir de la protection de « la personnalité de l'inventeur ». Comment Francis, qui n'est pas juriste, va-t-il convaincre le tribunal de Lausanne ? Si la brevetabilité ne peut s'appliquer que sur un processus reproductible, est-ce compatible avec la multiplication des roses ? Bien sûr, puisqu'une rose nouvelle est, dès l'année qui suit sa naissance officielle, reproduite à des milliers d'exemplaires sans que l'obtenteur en soit ni informé, ni rémunéré. Mais il faut le prouver. Francis distingue alors dans le processus d'obtention d'une plante deux phases : la première, qu'il appelle « phase de laboratoire », est celle qui voit la naissance provoquée, voulue, de cellules végétales nouvelles, et le repérage par l'œil de l'obtenteur de celles qui présentent les qualités désirées pour être multipliées. La seconde phase est celle de la multiplication, selon un

« Ô ces matins de fête et de calme beauté !
Roses dont la rosée orne les purs visages,
Oiseaux venus vers nous, comme de blancs
[présages,
Jardins d'ombre massive ou de frêle
[clarté ! »

ÉMILE VERHAEREN, *La Joie*

procédé répétitif, qui prête à la contrefaçon, donc comparable à un procédé industriel. Cette seconde phase peut se décrire et *a priori* faire l'objet d'un brevet. CQFD.

Le 15 novembre 1954, le tribunal allemand délivre un titre officiel de brevet pour une rose : la théorie de Francis Meilland sur la brevetabilité des plantes est officiellement reconnue comme étant juridiquement viable. Francis a gagné. Il poursuit alors sa croisade à travers l'Europe, en nouant des liens avec les juristes et les directeurs de propriété intellectuelle, les producteurs et les horticulteurs pour les convaincre de l'importance de cette mission juridique. Ce travail de pionnier est loin d'être facile dans une Europe qui se relève de la Seconde Guerre mondiale, avec ses barrières linguistiques, des voyages assortis de carnets de change, effectués par des moyens de transport moins nombreux et moins rapides que ceux d'aujourd'hui. Grâce à cet acharnement, Rim 1020 est titulaire des premiers brevets jamais accordés pour des plantes nouvelles, en France, en Belgique, en Allemagne, en Italie, en Espagne, au Maroc, en Afrique du Sud... La Suisse conserve un régime particulier indépendant de la Communauté européenne. Les pouvoirs publics français se sentent enfin concernés. L'INRA et le ministère de l'Agriculture organisent une convention internationale sur le sujet de la protection des obtentions végétales. La Convention de Paris se déroule dans la capitale française en 1961 ; la France en est le pays *leader*, suivie par cinq pays européens : l'Italie, l'Allemagne, la Belgique, les Pays-Bas et la Grande-Bretagne. Ces six premiers pays concernés par le sujet se regroupent alors en une union, appelée UPOV, dont le siège est à Genève. Cette Convention de Paris sera révisée par trois fois, en 1972, 1978, puis en 1991. Aujourd'hui, elle compte trente-quatre pays adhérents, dont de nombreux pays de l'Est et Israël, essentiellement exportateur. Il faudra attendre 1970 pour que soit votée par le parlement français une loi spécifique sur la protection des obtentions végétales, qui est très large dans son application.

La protection des obtentions végétales est au service de la recherche.

► 'Léonard de Vinci'.

LE FILS DE FRANCIS, Alain, et sa petite-fille, Sonia, reprendront après lui cette aventure, en Russie, au Kenya, en Inde, en Colombie, en Argentine, et peut-être un jour en Chine, maintenant qu'une loi de protection y a été votée en octobre 1997... dans une démarche jamais interrompue de demande de protection pour des plantes nouvelles, distribuées sous une appellation commerciale enregistrée en tant que marque de fabrique. L'idée de la protection des obtentions végétales ne cesse de progresser grâce à ce com-

Les roses protégées

Il existe aujourd'hui près de 45 000 variétés de roses, dont seulement 10 % sont des variétés protégées. La protection s'étend sur 15, 20 ou 25 ans selon les lois. En France, les certificats sont accordés pour 20 ans, en Europe pour 25 ans. Les obtenteurs versent une taxe annuelle pour assurer la validité de la protection, libres à eux de l'abandonner avant l'expiration du délai. Cependant, il n'y a pas de prolongation possible. Pour le moment… Alain Meilland compte bien se battre pour que ses roses n'appartiennent pas au domaine public si tôt.
Les premiers concurrents des roses protégées sont les grandes variétés anciennes tombées dans le domaine public. Pour Meilland, ce seront 'Michèle Meilland' ou la célèbre 'Peace', qui font les délices de tout jardinier.

◀ 'Chacok'.

Une affaire de
contrebande
est toujours
un nouveau
défi pour
Alain
Meilland.

► 'Bluebell'.

bat inlassable. C'est ainsi que, en avril 1995, les démarches commencées quarante-cinq ans auparavant par Francis Meilland, qui s'était attaqué de front à toutes les législations européennes à la fois, aboutissent à la création d'un certificat d'obtention végétale européen appelé Community Plant Variety Right (CPVR), qui vient doubler le COV délivré à l'échelle nationale. Ce label européen a l'avantage de faciliter la circulation des rosiers dans l'espace intracommunautaire. Meilland a été le *leader* qui trace la voie, la garde avancée qui s'attaque aux législations de pays nouvellement contactés pour les convaincre et obtenir la mise en place de lois en matière de protection végétale. Il a fallu démarcher chacun des pays, l'un après l'autre, pour aller vers cette protection européenne, supérieure aux jurisprudences nationales, qui, un jour, introniserait une seule modalité de Certificat d'obtention végétale pour toute la Communauté européenne.

UN PREMIER BREVET OBTENU dans un pays est la porte ouverte à tous les brevets, non seulement pour des créations Meilland, mais pour toutes les autres roses nouvelles, celles de leurs collègues et concurrents, et pour toutes les plantes. Du monde entier, les obtenteurs demandent conseil à Meilland, à Sonia et Alain, comme déjà de rares collègues persuadés du bien-fondé de ces démarches le demandaient à Francis. Rappelons ici une phrase de Georges Delbard à Francis Meilland : « Tu t'occupes de la protection ; moi, de la commercialisation. » Lorsque Francis, au début des années 50, gagne différentes juridictions européennes à sa cause, ses collègues rosiéristes sont furieux, car ils ne peuvent plus multiplier et vendre les nouvelles créations Meilland à volonté. Leurs intérêts étaient pourtant en jeu : celui des obtenteurs qui désormais allaient pouvoir régulariser la reproduction de leurs créations, reproduction jusqu'alors faite d'une façon sauvage qu'on qualifierait aujourd'hui de vol ; celui des producteurs et distributeurs puisque la protection d'une plante impose une garantie de qualité et une stabilité du produit. Ces débats des années 50 entre rosiéristes, « pour ou contre » la protection, cette incompréhension parfois vis-à-vis de telles mesures se retrouvent aujourd'hui pour d'autres catégories de plantes ornementales, dans un contexte pourtant rompu à ces démarches juridiques.

◄ 'Michelangelo'.

La signature Meilland

L'étiquette des rosiers de jardin Meilland est d'une couleur éclatante qui se repère de loin, orange feu, orange vif, pour bien marquer la plante. Ce cartouche coloré est signe de qualité, c'est la signature Meilland. Y sont apposés la dénomination variétale, la marque, le type et la couleur du rosier, en haut le numéro du producteur et le numéro du rosier. Chaque rosier est répertorié.

À quand le retour de l'étiquette sur les roses de fleuriste ? Meilland la préconise, les producteurs français la boudent, mais l'étiquette Meilland existe. En France, elle s'agrafe sur le papier qui entoure la botte de roses et se trempe ensuite dans l'eau du vase pour l'enrichir de conservateur de fleurs fraîches ; aux Pays-Bas, elle se glisse sur la tige de chaque rose et révèle la dénomination variétale, la marque, le nom du producteur et donne, au revers, des conseils pour la tenue en vase de ces roses fraîchement coupées.
L'étiquette Meilland est une garantie d'authenticité.

◄ Une étiquette Meilland pour rosiers de jardin.

Des roses sous haute protection

▶ Champ de rosiers.

▼ Étiquettes donnant le nom des variétés de roses de fleuriste.

Grand Gala®

Var. Meiqualis

Sélection MEILLAND

ROSES FRAICHES DE FRANCE PRODUITES SOUS LICENCE MEILLAND

Exotica®

Var. Meirecrom

Sélection MEILLAND

ROSES FRAICHES DE FRANCE PRODUITES SOUS LICENCE MEILLAND

Quand en Belgique, au cours d'un procès, Francis obtient de pouvoir projeter pendant l'audience une série de soixante-dix diapositives pour prouver qu'une plante peut être minutieusement décrite et faire l'objet d'un brevet, il définit concrètement la description de la plante que l'on souhaite voir protégée, car selon le milieu de culture et la latitude sous laquelle une plante est cultivée de grandes variations peuvent survenir. De nos jours, le certificat repose sur une description précise ; demain, l'on est en droit de penser qu'elle sera affinée et remplacée par une empreinte génétique. Cette description ne se fait ni de façon statique – la plante à décrire est plantée à Sophia Antipolis, sur la côte méditerranéenne, où se trouve une collection de référence – ni rapide : le temps d'une gestation, dix-huit mois pour une rose.

Quel est l'intérêt d'un certificat d'obtention végétale ? Pour l'obtenteur, c'est la reconnaissance juridique de sa création, ce qui lui donne le droit exclusif d'exploiter comme il l'entend la plante issue de son labeur. Il peut l'exploiter de façon à obtenir des *royalties* – mot grandiose dont Alain rappelle que, lorsqu'il l'entendait enfant, surgissait l'image des barils de pétrole des rois d'Arabie –, un pourcentage financier sur la vente de son produit. Chez Meilland, c'est Bruno, au niveau international, et Gérard, pour la France, qui, avec une persévérance bien nécessaire, centralisent ces revenus. En contrepartie, le COV donne aussi à l'obtenteur le devoir d'assurer la stabilité et l'homogénéité de la variété. La protection s'étend soit à la plante entière, soit à une partie de la plante, soit au matériel végétal, base de la multiplication. Ainsi, l'utilisateur, un producteur, est assuré de la qualité sanitaire du produit et de sa cohérence génétique. Quant à celui qui multiplie, il est responsable de l'état de santé du matériel végétal afin d'éviter des pertes de stabilité et d'offrir à la vente, sous un nom reconnu, une plante qui corresponde à l'attente du consommateur.

Tout ce processus juridique, cette protection des droits, ce contrôle de la qualité demandent un temps et une énergie considérables aux obtenteurs. C'est pourquoi certains d'entre eux préfèrent confier leurs obtentions à la maison Meilland, dotée d'un bon savoir-faire et d'une équipe internationale, qui leur donne accès à la protection, qui s'occupe de la multiplication et de la distribution de leurs créations. Meilland agit alors comme un éditeur pour eux, et un bon éditeur ! 'Pretty Woman', par exemple, une rose de fleuriste à boutons coniques rose pâle, dont la dénomination variétale est « Febesa », a été créée par Mathilde Ferrer, qui en a confié la production et la distribution à Meilland. Elle connaît ainsi un succès qu'elle n'aurait peut-être pas eu sans Meilland.

Meilland, la rose a sa griffe !

Les roses en chiffres

Chaque année, il se vend plus de deux cent millions de plantes dans le monde, environ quatre milliards de roses, fraîches, coupées, produites et distribuées dans quarante-cinq pays répartis sur les cinq continents, protégées par près de mille cinq cents titres et brevets.
Une rose sur trois est une Meilland.

◀ 'Deborah' et ses fruits.

PARIS YVES SAINT LAURENT

Var. Meivamo

Sélection MEILLAND

ROSES FRAICHES
DE FRANCE
PRODUITES SOUS
LICENCE MEILLAND

Quand un rosier a du succès, c'est la copie assurée.

Protection et recherche sont liées. C'est la leçon du modèle américain, la leçon du voyage de Francis en 1935. La protection des espèces végétales est au service de la recherche qu'elle favorise en encadrant, par la loi, les contrôles, la jurisprudence, l'exploitation commerciale des fruits de la recherche. En assurant au chercheur un droit de propriété sur ses inventions végétales, en réprimant le vol ou la contrefaçon, la loi permet l'investissement dans la recherche. La libre multiplication des plantes d'autrui était pratique courante jusqu'à ce que Francis Meilland l'enraye. Pourtant, au Moyen Âge déjà, prélever une bouture sur un arbre cultivé était considéré comme un délit. Aurait-il fallu mille ans pour préciser l'« objet du délit » ? Et les peines encourues sont sévères, puisque ce sont les mêmes que pour tous les trafics illicites, y compris les trafics de drogue. C'est dire combien la rose est traitée avec sérieux. Contrefaçons, copies et imitations sont impitoyablement traquées en s'appuyant sur la loi du 11 juin 1970. Et la suite est l'affaire des tribunaux. Comme Francis qui s'appliqua à faire défendre les nouveaux droits des roses, Alain est à son tour un habitué des procès. Parce que cette mission de défense des obtentions végétales impose de ne rien laisser passer, Alain est toujours à l'affût, il veille. Et il a fort à faire, car les faussaires sont nombreux, la piraterie moderne jamais découragée. À chaque loi, son lot de hors-la-loi.

POUR LES MEILLAND, la traque aux fausses roses devient une aventure de longue haleine, un roman d'espionnage avec son cortège d'informateurs, ses planques et ses saisies. La vie d'Alain Meilland devient «… à la poursuite de la rose d'or ». Insaisissable Alain qui ne tient pas en place, qui parcourt le monde d'est en ouest et du nord au sud, toujours au bout du fil… de son portable, pour une dernière information, des nouvelles du bout du monde… où il sera la semaine prochaine. Son bureau, c'est l'univers. De là à dire qu'il voit la vie en rose !

La chasse à la fausse rose Meilland commence par le coup de téléphone d'un informateur, un ami, le « deuxième bureau » de la famille en quelque sorte, qui signale une culture discrète, un champ de roses suspectes. Il faut prévenir les autorités douanières, afin qu'à Orly ou à Toulouse-Matabiau, en rade de Gênes ou de Marseille soit saisie une cargaison… Les douaniers des plaques tournantes de ventes de roses que sont Bombay et Delhi en Inde, Quito en Équateur, Miami aux États-Unis, et Harare au Zimbabwe, sont familiers des appels des Meilland les informant qu'une cargaison de « fausses Meilland » atterrit. Et ces « fausses » roses, à l'instar des montres, des chemises ou des sacs monogrammés, seront détruites par le feu. Ainsi d'un certain appel du Maroc : on a repéré des roses suspectes, il faut aller voir de plus près. Un agent de Meilland se fait engager sur l'exploitation. Il apprend que les roses sont cultivées en vue des fêtes. Pour quel marché ? Le marché français ! La patrie de Meilland ! C'est mal connaître les Meilland que de tenter un tel coup. Oser les affronter sur leur sol natal ! La traque s'organise : les rosiers sont emballés, chargés sur un camion… mais pris en filature par un autre agent Meilland jusqu'au port de Casablanca ; la précieuse cargaison embarque sur un ferry ; le numéro d'immatriculation du camion, le nom du ferry, ses escales, sa destination finale, la date et son heure d'arrivée, toutes ces informations sont alors transmises à Alain. Le ferry doit accoster sur les côtes italiennes. C'est au tour du représentant Meilland en Italie d'agir : il prévient le juge et lui demande d'autoriser l'examen de cinq rosiers

► Page ci-contre :
'Anthony Meilland' (roses jaunes) et 'Deborah'.

'Happiness'

'Happiness' rejoint 'Peace' dans sa vocation de messager d'espérance. 'Rouge Meilland' est née en 1937 et a été soigneusement élevée pendant la guerre par les Paolino au Cap d'Antibes. En février 1949, alors que vont être lancés sur le marché sept cent mille greffons de cette rose, l'architecte et paysagiste cannois, Oscar Schneider, vient annoncer à son ami Francis Meilland que sa nouvelle rose rouge a été sélectionnée pour être apportée de la part de Mme Auriol à Mme Truman, au titre du train de la Reconnaissance, en remerciement de l'aide apportée par les Américains pour délivrer le territoire français de l'occupation allemande. Cet été 1949, tout un cérémonial entoure donc la douzaine de 'Rouge Meilland' destinée à un long voyage : coupées en présence des personnalités de la ville de Cannes, acheminées avec pompe par avion jusqu'aux États-Unis, elles reçoivent une consécration officielle à Washington, où The General Federation of Women's Garden Club of America les baptise 'Happiness'. Toutes ces roses porteuses de bonheur seront alors déposées à la Maison Blanche, dans les bras de Mme Truman, première dame des États-Unis. 'Happiness' est ainsi la troisième rose Meilland à enthousiasmer l'Amérique après 'Golden State' et 'Peace'. Après la Paix, le Bonheur.

tirés de la cargaison afin de prouver la fraude. Sur la base des résultats de cette analyse, le juge donnera tout pouvoir à la *Guardia di Finanza*, chargée de la répression de la contrebande, pour intercepter la cargaison. Et l'importateur sera poursuivi. Ce jour-là, les douaniers italiens intercepteront effectivement le camion et son chargement... que personne ne viendra réclamer. Cinquante-cinq mille rosiers seront détruits. Une nouvelle bataille gagnée, au nom de la qualité d'une maison, de sa marque et de ses produits.

Mais est-ce donc si simple de faire une imitation ? La technique du pillage n'est effectivement pas très compliquée pour le faussaire : dans la serre d'un producteur confiant ou bien lors d'une exposition horticole, il va prélever un rameau vite pincé avec l'ongle ou de petits ciseaux discrets et le rapporter pour le greffer, en autant d'exemplaires qu'il le veut. Car la rose porte à l'aisselle de chaque feuille un bourgeon qui, s'il est bien greffé, reproduit exactement la variété sur laquelle il a été prélevé. Cette technique de vol a été décrite par les Américains comme « l'exportation Samsonite », rappelant que tous ces petits rameaux voyagent au fond de grandes valises. Heureusement pour les obtenteurs, s'il est facile de faire une copie, on constate dans la plupart des cas que ces copies sont réalisées dans des conditions très imparfaites, qui nuisent souvent à la qualité de la plante. Les rosiers de jardin, comme 'Pierre de Ronsard' ou 'Bonica', appellent un nombre considérable de contrefaçons. Mais celles qui attirent le plus les faussaires sont les roses de bouquet, qui valent cher sur le marché de la fleur coupée. La protection s'applique à la culture des rosiers qui fourniront la fleur coupée, culture autorisée dans des quantités et sur une durée déterminées. De ce fait, la fleur coupée en tant que telle est une preuve de la légalité de ces mêmes cultures. Les principales variétés imitées, dans des quantités avoisinant de 50 à 80 % de leur production totale, sont les roses 'Baccara', 'Sonia Meilland', 'Grand Gala', 'Léonidas', 'Cocktail', 'Claudia' et 'Visa'. Ces fausses Meilland arrivent de partout dans le monde, de Turquie, du Maroc, de Pologne, du Brésil ou de Tchéquie. La rançon de la gloire !

Une affaire de contrebande est toujours un nouveau défi pour Alain Meilland, qui d'un faussaire cherche parfois à se faire un partenaire. À certains contrevenants, Alain Meilland propose un partenariat plutôt qu'une guerre juridique. Avec l'arrêt des poursuites, il offre son savoir-faire et celui de ses équipes, le support de ses réseaux de distribution. En contrepartie, le producteur de fausses Meilland lui versera un dollar par pied de rose, authentique, à partir duquel il pourra produire autant de vraies roses qu'il veut pendant la durée de vie du pied, soit environ dix ans. Qui refuserait une telle proposition ? La respectabilité, un nom, une marque, une assurance de qualité incomparable ? De nombreux faussaires sont ainsi devenus de très officiels « producteurs Meilland » qui traquent à leur tour toute fausse rose qui voit le jour, pour défendre ce qui est désormais leur part de marché. C'est par ces conventions de partenariat – près de quatre cents à ce jour – que Meilland gagne progressivement le monde, pays par pays, continent par continent. Mais cela n'empêche jamais la fraude. Si toutes les roses Meilland étaient vendues légalement, le chiffre d'affaires de la maison serait multiplié par trois ! Quand on sait que la maison Meilland investit chaque année plusieurs millions de francs dans la recherche et que chaque nouvelle rose demande près de dix ans de travail et de gestation...

« Comme on voit sur la branche au mois
[de mai la rose,
En sa belle jeunesse, en sa première fleur,
Rendre le ciel jaloux de sa vive couleur,
Quand l'Aube de ses pleurs au point
[du jour l'arrose ;
La grâce dans sa feuille, et l'amour
[se repose,
Embaumant les jardins et les arbres
[d'odeur ;
Mais battue ou de pluie, ou d'excessive
[ardeur
Languissante elle meurt, feuille à feuille
[déclose. »

RONSARD, Second Livre des *Amours*

◂ 'Pierre de Ronsard'

Une forme de fleur ancienne et un coloris rose tendre délicat donnent tout son charme à ce rosier grimpant solide et refleurissant bien au cours de l'été. Hauteur : environ 200 cm et plus.

La Rose du siècle

3-35-40. Quelle est cette numérotation ? Un numéro de téléphone d'avant-guerre ? Un code secret utilisé par les services de renseignement ? Non, c'est un numéro d'immatriculation, une annotation dans un carnet personnel, celui de Francis Meilland, une annotation qui ira rejoindre celles de son père, de ses grands-parents avant lui. Toutes ces marques qui se succèdent sont la fortune possible, les archives d'une famille de rosiéristes, leur passion et leur trésor. C'est la mémoire du travail de générations. Quel trésor qu'un petit carnet gribouillé de chiffres ? Celui d'une carte aux trésors au moins ! Presque, c'est la généalogie des roses, l'historique précis du travail de générations qui, un jour pourra, ou peut-être ne pourra jamais, permettre la naissance, pensée, réfléchie, recherchée, sur des années, d'une rose, d'une seule, qui serait aussi belle que 'Souvenir du rosiériste Rambaux' ou 'Perle d'or' créées par Joseph Rambaux, l'arrière-grand-père de Francis Meilland, des roses baptisées et éditées par Francis Dubreuil.

« Pour moi et ma famille,
il n'y a rien d'aussi important
que la création de la rose de la paix,
pour ma génération en tout cas. »
ALAIN MEILLAND

◄ Page ci-contre : 'Mme A. Meilland'.

▲ La banquette de semis à Tassin-la-Demi-Lune où est née 'Mme A. Meilland'.

► Claudia Dubreuil, Mme A. Meilland.

Joseph Rambaux

Joseph Rambaux était jardinier au parc de la Tête d'Or à Lyon. C'était un homme qui aimait les arbres, en particulier les arbres fruitiers dont il avait la charge. Il dressait les poiriers – ses poiriers pourrait-on dire, tant il leur prodiguait de soins – en espaliers, protégeait les fruits jusqu'à leur plein mûrissement. Et de retour chez lui, c'était aux roses de son jardin qu'il se consacrait. Joseph Rambaux représente l'amateur passionné, le type même du rosiériste de la première moitié du XIXe siècle, qui, comme tant d'autres, a produit des roses merveilleuses restées inconnues, mais aussi d'autres multipliées et éditées par sa veuve, puis par Francis Dubreuil, son gendre ; juste pour l'amour des roses, sans gloire aucune, sans autre rémunération qu'une admiration renouvelée pour la beauté de la nature, et cet hommage que ne cesseront de lui rendre les amateurs de tous les temps.

3-35-40 est le nom de code d'une rose, d'un essai, un des résultats d'un croisement. Ce résultat, une petite plantule issue d'une des dizaines de graines contenues dans un fruit, sera peut-être une belle rose, peut-être un rejeton à détruire, peut-être une promesse qui servira de parent à une autre rose plus prometteuse encore. 3-35-40, c'est la troisième combinaison, faite en l'année 1935, et c'est le quarantième plant sur les cinquante qui avaient été réussis. Pourquoi une telle précision ? Imaginez des centaines de graines donnant presque autant de plantules issues d'un même fruit, donc d'un même croisement. Et pensez-vous qu'un rosiériste se contente d'effectuer un croisement par an ? Ce serait surestimer ses chances ! Car d'un croisement peut ne rien sortir d'intéressant, comme naître de nombreux espoirs. C'est pour cela que tout est soigneusement codifié, pour aider aux sélections futures et effectuer les observations de façon scientifique.

3-35-40 EST NÉE LE 15 JUIN 1935, d'un père qui était 'Margaret McGredy', un rosier obtenu par McGredy de Portadown, dans l'Ulster, choisi pour sa vigueur et sa résistance ainsi que pour son feuillage décoratif, et d'une mère, elle-même le produit de deux croisements inédits : le premier était le résultat de 'George Dickson', une rose obtenue en 1912 par A. Dickson de la région d'Ulster, de géniteurs inconnus, avec des tiges faibles mais de grandes fleurs doubles veloutées cramoisies et très parfumées, et de 'Souvenir de Claudius Pernet', obtenue en 1926 d'un croisement entre 'Constance' et un parent inconnu, à Lyon, par le rosiériste Joseph Pernet-Ducher, qui lui donna le nom de son fils disparu au cours de la Première Guerre mondiale, rosier dont l'attrait principal résidait dans des fleurs doubles à trente pétales, jaune d'or, plus sombres vers le centre, des boutons allongés, des feuilles longues et pointues. Le second croisement fut effectué entre 'Ch. P. Kilham' et 'Joanna Hill'. 'Joanna Hill', une rose jaune pâle, à grandes fleurs doubles, très parfumées, est le produit d'un croisement fait en 1928 entre 'Mme Butterfly' et 'Miss Amelia Gude' par un Américain de la ville de Richmond dans l'Indiana, Joseph Hill. Ce parentage glorieux et complexe donne des origines internationales à ce greffon de 1935, à la fois américaine, irlandaise et française. Serait-ce le résultat d'années d'échanges et d'une passion qui dépasse toutes les frontières, ou bien le présage d'une destinée internationale ?

3-35-40, en 1936, semble intéressante, mais sa sœur 3-35-41 aussi, presque semblable, plus épi-

neuse tout de même et avec un feuillage qui semble moins résistant. Dans la banquette à semis, le long de l'appentis de bois abrité par le mur de clôture, éclosent les résultats des hybridations de l'année 1935. Les couleurs des fleurs varient du rouge cramoisi au jaune d'or et au jaune cuivré, avec parmi elles quelques spécimens aux pétales bicolores. Nul orage, nul insecte, nul incident ne vient empêcher que cette petite plante, 3-35-40, qui possède trois yeux et seulement trois, soit greffée. Trois greffes, deux ne prennent pas. La dernière prend, se développe et fleurit. Antoine et Francis sont heureux. La fleur est grande, ses pétales nombreux. Son bouton allongé s'ouvre en une fleur teintée de vert, qui s'éclaircit de jaune soleil pour s'ourler de rose foncé avant de rosir complètement. Le feuillage brillant reste sain, vigoureux, le rosier bien droit. Les Meilland la multiplient et la plantent, l'exposent aux regards de ceux qui passent, qui s'intéressent aux nouvelles créations, tous admirent. En juin 1939, les Meilland réunissent leurs meilleurs clients et amis étrangers, tous de passionnés rosiéristes, pour leur montrer leurs nouvelles créations. Les visiteurs, enthousiastes, commandent des greffons pour les examiner dans leurs jardins d'essai, en noter la croissance et l'évolution. Les amis allemands souhaitent aux Meilland beaucoup de succès et une coopération harmonieuse entre leurs deux pays.

CET ÉTÉ 39, QUI FUT SI DOUX, vit l'éclosion de tant de roses. Hélas ! le 3 septembre 1939, la France et l'Angleterre déclarent la guerre à l'Allemagne à la suite de l'invasion de la Pologne par les armées allemandes, qui avaient déjà occupé Prague et annexé l'Autriche. Au milieu de la tourmente et de la désorganisation provoquée par la mobilisation, Francis, réformé à cause de sa mauvaise santé – il avait des ulcères à l'estomac qui l'avaient rendu inapte à tout travail pendant six mois – envoie les greffons demandés de 3-35-40 et les quantités de rosiers commandés en Turquie, en Allemagne, en Italie, à tous les correspondants qui l'avaient souhaité. Combien arriveront à destination ? Quelles furent les appréciations des rosiéristes ? La guerre anéantit toute communication. Francis ne sait même pas si ses greffons n'ont pas été abandonnés dans une gare, bombardés en route. Qui se soucierait bien de roses dans le drame atroce de la guerre ? Antoine Meilland, veuf de Claudia, Francis, sa nouvelle épouse, Louisette Paolino, et grand-

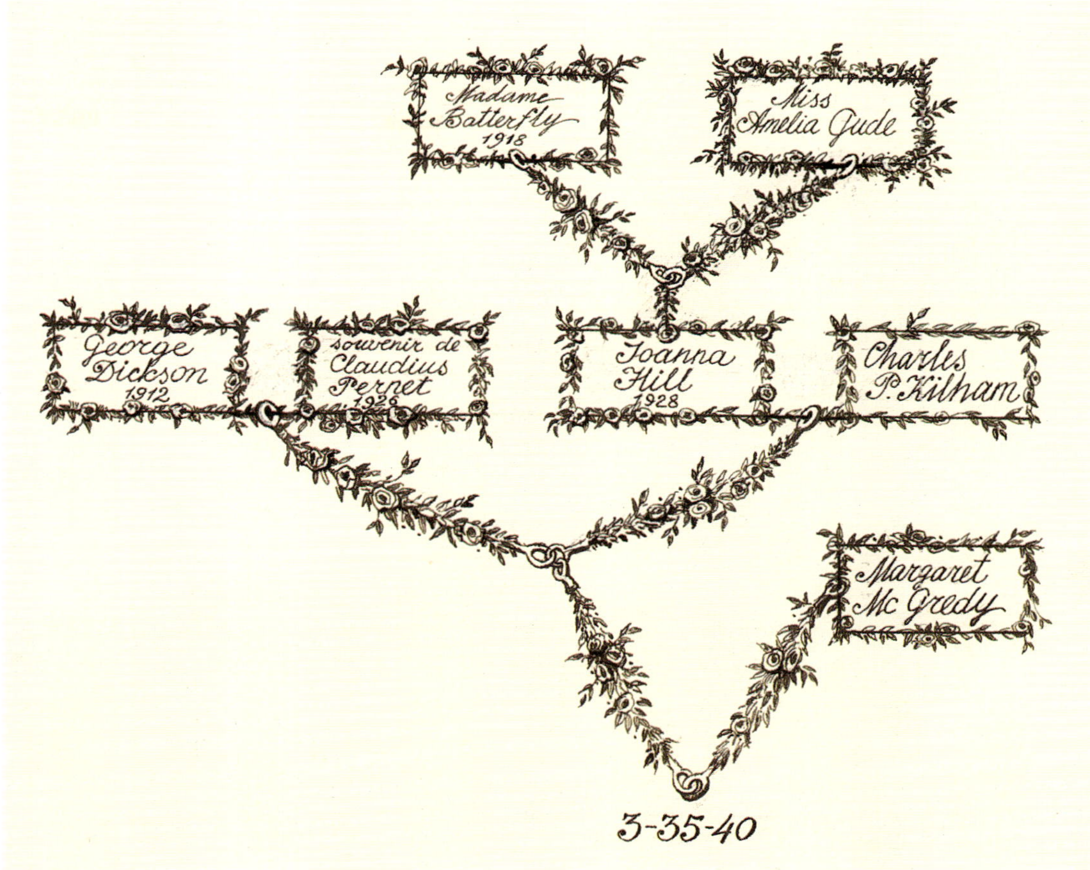

▲ Généalogie de la « rose du siècle ».

Une rose jaune de joie teintée du rose de l'amour.

▲ 'Princesse de Monaco'.

'Peace',
le bonheur
fait fleur,
l'espoir
fait rose.

mère Jenny, l'admirable femme, continuent à travailler avec l'aide d'un vieux jardinier et d'un apprenti de quatorze ans. Travailler à quoi ? Personne ne songe à planter des roses. Non, il faut arracher et puis brûler deux cent mille rosiers. La mort dans l'âme. Et planter des légumes. La rose fait place au chou, au rutabaga et aux cucurbitacées. Les hybridations se poursuivent tout de même au milieu des coups de canon à Tassin, où ils viennent d'emménager, près de Lyon.

Pensez-vous que la guerre, ses privations, ses tourments quant au sort des êtres chers ne soient pas des angoisses suffisantes ? Non, les autorités françaises ont décidé de freiner l'extension d'un certain insecte ravageur par la destruction totale et inconditionnelle de toute plante ligneuse dans un périmètre délimité, qui comprend bien sûr Tassin. Francis rapidement les convainc que des désinsectisations répétées et contrôlées peuvent être entreprises avec efficacité sous la surveillance des inspecteurs du ministère de l'Agriculture. Les plantations sont sauvées.

C'est en mai 1940, alors que les Allemands viennent d'envahir la France et que la campagne de France fait rage, que naît Alain, le fils de Francis et de Louisette. Ses premiers souvenirs seront des impressions d'instants de panique, de moments d'angoisse, de bruits de canon.

La guerre est rythmée de dates, chaque lendemain est fait d'incertitudes. En novembre 1942, le 11, les Allemands, qui occupent le nord de la France et les zones côtières de l'Ouest, envahissent toute la France, à la suite du débarquement allié en Afrique du Nord. Le consul américain, George Wittinghill, basé à Lyon, doit repartir pour les États-Unis de façon urgente. Il doit essayer de rejoindre Lisbonne où un clipper l'attend pour le ramener aux États-Unis. Comment prend-il le temps de proposer à Francis de se charger d'un paquet pour les États-Unis ? C'est l'un des nombreux mystères que générera 3-35-40. Car évidemment, dans le petit paquet à l'attention de Robert Pyle, il y a un greffon de 3-35-40. Arrivera-t-il à destination ? En ces années, rien n'est moins sûr. Atteindre Lisbonne relève déjà de l'exploit.

Novembre 1943, Tassin se trouve donc désormais en zone occupée. La guerre sévit, les tickets d'alimentation, les coupons de tissu sont le lot des familles. Les contrôles, de la milice française ou des polices d'occupation, sont fréquents, toujours angoissants pour celui qui est vaincu, soumis à l'occupant. Pour Francis, l'ennemi est l'insecte, et se présente sous la forme des services sanitaires du ministère de l'Agriculture, qui annonce que toute pépinière, fruitière ou horticole, contaminée ou non, dans le périmètre fixé par décret doit être brûlée. Francis réunit dans la journée une délégation de pépiniéristes et s'introduit à Paris dans le bureau du ministre. Et ils n'étaient pas faciles les voyages dans la France de 1943, les chemins de fer soumis à toutes sortes de contrôles, bondés. Mais Francis réagit immédiatement ; il oppose à la loi la force de ses arguments pour convaincre ses collègues puis les services du ministère trois jours durant. Quelle admirable volonté que la sienne, au service de ses convictions ! Ainsi est évitée la destruction des roseraies, sous condition de désinsectisations régulières, et seront indemnisées les pépinières fruitières et ornementales qui doivent être détruites. Car Francis et sa famille ont quand même produit des roses sous les bombes. Insouciance, égoïsme ? Non, au milieu des atrocités, un travail quotidien et des merveilles de roses étaient parfois les seuls moyens de ne pas se laisser submerger par le désespoir. L'homme est tenace et ne peut abandonner même dans le grand bouleversement de l'histoire, le fruit de générations, l'entreprise familiale.

Le 6 juin 1944, le débarquement allié en Normandie autorise tous les espoirs de libération prochaine. Le 15 août 1944, c'est sur les côtes de Provence que débarquent les Américains, les Anglais, les Canadiens et les Français. Les nouvelles circulent, alternant alarmes et joies. « Le Cap d'Antibes est en plein combat, le Cap d'Antibes brûle »… sont les échos que récolte Louisette qui s'inquiète pour ses parents, Francesco et Marie-Élisabeth Paolino. Francis enfourche son vélo et pédale de Lyon à Antibes afin de prendre des nouvelles. Il n'y a pas de téléphone, pas d'autre moyen de savoir que d'aller se rendre compte sur place. Les routes sont encombrées de militaires et de migrants ; l'atmosphère est joyeuse, si la guerre n'est pas gagnée, la France est en partie libérée. Au Cap d'Antibes, havre de paix fleuri, les Paolino accueillent avec joie leur gendre, le nourrissent et le renvoient à son épouse. Il fait la route aux côtés des militaires américains qui montent vers Lyon pour gagner l'est de la France et le front des combats, en Allemagne. C'est rare un Français qui parle bien l'anglais en 1944, un Français qui soit allé aux États-Unis. C'est ainsi que Francis, le sympathique Français, parcourt quelques kilomètres, gagnés sur son épuisement, à bord d'un camion de munitions américain.

Alors que la France est enfin libérée, grâce aux Alliés et aux forces de la Résistance unifiées par de Gaulle, les Meilland reçoivent des nouvelles de leurs amis étrangers qui avaient craint pour leur vie, les nouvelles de France étaient si alarmantes. Et quelles nouvelles ! De bonnes et heureuses nouvelles de 3-35-40. Trois greffons sont arrivés à destination : l'un en Allemagne, un autre en Italie et le dernier est ce petit paquet qui a pris la mer à Lisbonne en direction du Nouveau Monde. C'est une rose heureuse que 3-35-40.

En France déjà, Antoine et Francis, heureux de son développement et ravis de ses coloris, lui donnent le nom de celle qui leur est si chère, 'Madame Antoine Meilland', leur épouse et mère, disparue en 1932. Qui est Mme Antoine Meilland ? C'est la douce et gaie Claudia Dubreuil, la fille unique de Francis Dubreuil et de Marie Rambaux, la petite-fille de Joseph Rambaux, une enfant de la grande famille des roses. Claudia, la joie, est celle qui s'occupe de sa mère malade. Claudia, c'est l'enfant qui chante, c'est la jeune fille passionnée de roses qui en fait des bouquets si beaux, si frais, qu'ils sont demandés pour toutes les grandes occasions. Claudia est la joyeuse bouquetière qui va dès l'aurore, d'un pas allègre, avec sa mule, vendre ses bouquets sur les quais Saint-Antoine à Lyon. Claudia est la tendre fille qui aide son père, avec ses roses. Elle apprend, toute seule, à écrire à la machine, pour envoyer les catalogues à tous les passionnés qui le désirent. Parmi eux, une Mme Mivière, institutrice à Chambœuf, un Francesco Paolino à Antibes. Et Claudia, la douce, se plaît à rêver de soleil et du jaune d'or des mimosas. Car Claudia aime les couleurs gaies et, par-dessus toutes, les teintes de soleil, les nuances d'or pâle, comme autant de reflets d'espoir. Claudia sera l'épouse d'Antoine Meilland, le tenace apprenti, qui lui apporte avec son amour et sa passion des roses la joie d'une belle-famille nombreuse et une belle-mère formidable, grand-mère Jenny. Claudia, c'est encore la mère de cet étonnant garçon qu'est Francis Meilland. 'Madame Antoine Meilland', c'est une

C'est une rose qui vaut tous les passeports.

« Rose, ô toi la majestueuse, tu n'étais, aux anciens, qu'un calice avec un simple bord.
Par contre à nous, tu es l'absolu de la fleur, son infini, l'objet inépuisable. »

Rainer Maria Rilke,
Les Sonnets à Orphée

▲ Francis Meilland devant un bouquet de roses 'Peace', 'Madame Antoine Meilland'.

rose jaune de joie teintée du rose de l'amour, c'est tout l'amour de deux hommes pour une épouse et une mère.

3-35-40 parvient donc en Italie en 1939, dans l'Italie mussolinienne, dans l'Italie qui connaît la guerre et les combats sur le sol national. Et quel nom les Italiens lui donnent-ils ? Sous quelle appellation la vendent-ils ? Un nom contraire aux horreurs et aux folies des hommes, un nom absolument fou en temps de guerre, un nom qui serait allé à ravir à Claudia : 'Gioia'. Joie. Simplement, magnifiquement. Joie !

3-35-40 arrive aussi en Allemagne à la même époque, chez ceux-là mêmes qui en juin 1939 avaient souhaité que, chaque année, les amis rosiéristes se retrouvent ensemble à Tassin, pour parler de roses, par-delà les frontières, par-delà les guerres. Et ces Allemands, effrayés par les ravages européens, donnent à ce greffon le nom même de l'espérance qui subsiste au-delà des temps et des meurtrissures quotidiennes : 'Gloria Dei'. Gloire de Dieu. Un nom grandiose pour quelques pétales qui résument la beauté de la création, un nom fait pour plaire à Antoine Meilland qui y retrouve l'enseignement patient de Mme Mivière, celle qui lui apprenait à se servir des yeux que Dieu lui avait donnés pour admirer les merveilles de Sa création.

Ne fallait-il pas que cette rose fût exceptionnelle pour être baptisée de noms si chargés de sens, dans un contexte aussi dramatique ?

Mais ce n'est pas tout.

'Gloria Dei' : un nom grandiose pour quelques pétales qui résument la beauté de la création.

► 'Mme Antoine Meilland', dite 'Peace', 'Gioia', 'Gloria Dei'..

Dès la Libération, enfin des nouvelles d'Amérique, de cette Amérique où les rapports sur la guerre en Europe étaient imprécis. Lyon aurait été le lieu d'effroyables carnages. Les amis américains s'inquiètent. Une lettre de Robert Pyle donne des nouvelles de ce petit paquet parti par Lisbonne, dans les bagages du consul américain. Et non seulement le greffon a fait le voyage, mais il est arrivé à destination, dans les mains expertes de Robert Pyle, qui l'a soigné, cultivé. Ne dit-il pas dans sa lettre : « Mon regard reste ébloui d'admiration sur une énorme rose jaune canari bordée de carmin ; elle est là, majestueuse, pleine de promesses et je suis déjà certain qu'elle sera la plus grande rose du siècle ! » La plus grande rose du siècle ! N'est-ce pas une appellation propre à faire rêver tout rosiériste ? L'étrange destinée de 3-35-40 se poursuit. En effet, comment l'Amérique l'a-t-elle baptisée, cette rose merveilleuse ? 'Peace'. Paix ! Peut-on croire qu'une telle rose suscita non seulement une admiration extraordinaire pour la rose en elle-même, mais également des sentiments si pacifiques et messagers d'espoir ? Joie, Gloire de Dieu, Paix. Francis Meilland entérine tous ces noms, tous auraient plu à Claudia, tous, ils représentent plus qu'un nom, ils sont porteurs des plus beaux des messages.

Nous sommes en 1944, la France est libérée, la guerre se poursuit sur le sol allemand et dans le Pacifique. La lettre de Robert Pyle annonce que l'American Rose Society, constatant les qualités

Des nuances d'or pâle comme autant de reflets d'espoir.

hors du commun de cette rose nouvelle, provisoirement référencée « 3-35-40 », et certaine de son succès futur, accepte d'organiser son baptême. Le baptême officiel est fixé au 29 avril 1945, date de l'exposition de la Pacific Rose Society à Pasadena en Californie. 29 avril 1945, 'Peace'… 29 avril 1945, chute de Berlin, fin de la guerre en Europe. La date de la paix… Coïncidences prédestinées !

Pensez-vous que l'histoire de 'Peace' s'arrête là ? Ce serait déjà une très belle histoire. Mais non ! Cette rose, qui a traversé la guerre et les aléas de la reproduction naturelle, est devenue un symbole depuis le 29 avril 1945, symbole qui perdure encore aujourd'hui. En effet, le 8 mai 1945, le jour où l'Allemagne signe sa reddition, les quarante-neuf délégués à la conférence sur le monde, chargés de travailler à la constitution de ce qui deviendra l'ONU, trouvent sur leur table une rose, la Rose de la Paix, avec un message de paix du secrétaire de l'American Rose Society.

Cinquante ans après ces événements, en 1995, l'ONU fête son cinquantenaire. 'Peace' aussi. Elle est bien sûr au rendez-vous, dans les bras des nouvelles générations de Meilland, Alain et Anthony, l'un de ses fils, à Genève, quand le secrétaire général Boutros-Ghali reçoit les jeunes

◂*La Rose de la Paix*

« Voici la rose 'Peace' qui a été baptisée à Pasadena le jour de la chute de Berlin. Puisse cette rose influencer tous les hommes de bonne volonté pour que s'instaure à tout jamais la Paix dans le monde. »

Dr R. C. Allen
Secrétaire de l'American Rose Society
aux 49 délégués
de la conférence sur l'ONU
le 8 mai 1945

▲ Alain Meilland serrant la main de M. Boutros-Ghali, pendant la célébration du cinquantenaire de l'ONU.

de cent cinquante pays pour un symposium sur les jeunes et la liberté dans le monde. Pendant plusieurs jours sont exposés les problèmes de notre monde. Et Alain, devant son fils ému qui tient le drapeau des Nations unies, présente le symbole de la paix au XXe siècle, la rose créée par Francis Meilland, qui se joint à la colombe de Noé et s'ajoute au rameau d'olivier, une rose née pendant la guerre, une rose qui a échappé de façon incroyable à la destruction, une rose qui est la vie. Ces jeunes étaient émus devant la valeur d'un symbole, notion inconnue pour beaucoup d'entre eux, émus aussi de voir comment les Nations unies avaient choisi une nouvelle fois cette rose pour faire passer un message de paix pour l'avenir. Car la paix est toujours d'actualité, comme l'est la rose, intemporelle.

► Francis Meilland et Robert Pyle aux États-Unis devant un buisson de roses 'Peace'.

'Peace'

« En plus de sa taille, qui est certainement une des raisons de sa popularité, 'Peace' est une rose merveilleusement fine, portée par une tige forte, et pourvue d'un feuillage riche. Une partie de la fascination qu'elle exerce vient de ses nuances : boutons couleur d'or s'ouvrant en fleurs dorées piquées de rose à l'extrémité des pétales – le rose gagnant chaque jour de la vie de la fleur. 'Peace' représente vraiment une date dans l'histoire de la rose. »

Dorothy H. Jenkins
Le Livre complet des roses

Alain se souvient de l'afflux de lettres, après la guerre, de personnes connues ou inconnues, françaises ou étrangères, qui parlaient avec tant de bonheur et d'espérance de la rose 'Madame Antoine Meilland' que l'on ne pouvait s'empêcher d'observer qu'autour de cette rose se créait une atmosphère particulière. Ce n'étaient pas uniquement quelques personnalités du monde horticole qui avaient vu en elle « la rose du siècle », mais tout un chacun qui la voyait comme le bonheur fait fleur, l'espoir fait rose.

Écoutons Francis parler de son « enfant » : « C'est certainement une très grande satisfaction pour un jardinier que de songer à la multitude de ceux qui se sont penchés sur cette fleur extraordinaire et telle qu'imaginée et créée par lui. Songeons un instant au fait que tous ces millions de rosiers épars dans le monde sont dus à la formation d'une graine pas plus grosse qu'une tête d'épingle et qu'un mouvement d'inattention aurait pu faire perdre en la soustrayant à sa destinée. C'est encore cette même graine qui aurait pu faire les délices d'une souris ou bien qui, plus tard, devenue fine et délicate plantule aurait pu être détruite par un insecte. Mais sa destinée était déjà écrite : c'était celle d'une rose qui devait se répandre dans le monde entier et que l'on trouverait partout, dans le petit jardin de campagne

► Robert Pyle offre à Francis Meilland une Chevrolet pour le remercier d'avoir créé 'Peace'.

comme dans les somptueuses roseraies et jusqu'auprès des croix dans les cimetières. C'était encore la destinée de la rose 'Peace' de marquer la tombe de notre vieil ami Robert Pyle. » Et celle de Francis quelques années plus tard…

C'ÉTAIT UNE ROSE qui valait tous les passeports. Quand Francis arrivait aux États-Unis, les douaniers lui demandaient s'il n'était pas le créateur de 'Peace'. Et même pour Alain, avant l'époque de l'anonymat informatisé, lorsqu'il lui était demandé où il allait, au sévère Bureau de l'immigration américaine, et chez qui il résidait, lorsqu'il disait : « Conard-Pyle, en Pennsylvanie », chacun de s'exclamer : « Ah ! ce sont eux qui ont introduit 'Peace' dans notre pays ! » Cette rose a marqué le monde entier. Et pour la famille Meilland, en plus d'être une joie, un souvenir glorieux de Claudia, un passeport international, cette rose fut l'occasion d'un cadeau fort utile de la part de Robert Pyle. À Francis fut offerte une splendide voiture, une Chevrolet avec radio et chauffage, qui fut expédiée par bateau. Robert Pyle était l'homme qui avait cru en Francis, qui l'avait encouragé dans ses pauvres premiers essais d'hybridation, qui avait lancé non seulement 'Golden State' mais aussi 'Peace' sur le marché américain. Président de la fédération de toutes les organisations horticoles aux États-Unis, il était aussi l'agent des Meilland. Le succès de la vente de 'Peace' aux États-Unis, où les Meilland percevaient des droits sur chaque pied vendu, fut tel qu'il permit à Francis de concrétiser une de ses intuitions fondamentales pour Meilland aujourd'hui : la séparation des activités de la maison avec, d'une part, la recherche de roses nouvelles et, d'autre part, la production de rosiers destinés à la vente. Car Francis avait toujours voulu se consacrer à la recherche de plantes nouvelles.

◀ Portrait d'Antonia Ridge lisant le livre qu'elle a écrit sur la rose 'Peace', *For Love of a Rose*.

Quelle ne fut pas la surprise d'Alain, recevant une délégation russe, de trouver des amis des roses, des amis Meilland. Encore un cadeau de 'Peace', qui demeura au travers des décades, malgré le rideau de fer, malgré la guerre froide dans l'immense Russie. Autour d'une rose « qui n'a pas cherché à être autre chose qu'elle-même », comme dit Alain, et d'un nom, fut bâti un symbole, un symbole de bonheur et de liberté. Et ce nom, si simple qu'il atteint à la grandeur, est resté choyé par les amis des roses, à travers le temps. La continuité de la pensée s'est exprimée de façon discrète, inattaquable, dans la connaissance des roses, de leurs noms chargés de toute la valeur historique des souvenirs d'une culture inaccessible.

Il y aurait un roman à écrire sur cette fabuleuse histoire de 'Peace', pense-t-on à la lecture de ces

Lettre de Louisette Meilland à Antonia Ridge

Dimanche 16 décembre 1979

Ma Chère Amie,

C'est un dimanche délicieusement calme et je suis heureuse de passer quelques instants avec vous. Il est près de 18 heures. Le mistral souffle un peu et il y a un merveilleux coucher de soleil sur la mer. Il fait très doux pour l'époque. Dans le jardin, il y encore des roses. Quelques 'Papa Meilland', des 'Peace' roses et des 'Antonia Ridge'. Les iris sont tous en fleur, c'est vraiment très rare en décembre. […]
Soyez certaine que je suis fidèle dans mes amitiés, je pense souvent à vous, vous m'êtes très chère et vous m'avez fait un jour le plus beau cadeau que je puisse rêver For Love of a Rose. Je regrette que nous habitions si loin l'une de l'autre, j'aurais aimé aller chez vous, en voisine, juste quelques instants quelquefois. Parler avec vous, vous écouter. Vous êtes si chaleureuse et je sais que vous comprenez les cœurs. […]
Bien affectueusement

Votre Louisette

► 'Antonia Ridge'.

Nouveauté 76 : 'Antonia Ridge' Meiparadon– Meilland

Belle fleur à trente pétales rouge groseille bien imbriqués, assurant une excellente tenue tout au long de l'épanouissement.
Plante à port droit, fleurissant généreusement.
Feuillage mi-mat, très résistant.
Recommandée pour massifs.
Hauteur : 70/80 cm.

péripéties. Cela a été fait, en 1965, par une Anglaise passionnée par les roses, mais passionnée aussi par les enthousiasmes des hommes : Antonia Ridge, aujourd'hui décédée. Ce livre s'intitule *For Love of a Rose, Story of the Creation of the famous Peace Rose* (« Pour l'amour d'une rose, histoire de la création de la rose 'Peace' »). C'est un ouvrage merveilleux qui raconte la naissance de 'Peace' et qui fait revivre tous les amoureux des roses ayant contribué à cette histoire. Pour l'écrire, Antonia Ridge s'était installée des mois durant chez les Meilland, partageant leur vie quotidienne, leurs travaux et leurs espoirs, recueillant leurs souvenirs. Son récit est précis et fidèle à la voix de Papa Meilland, qu'elle a interrogé sans relâche. Il lui parlait comme à une amie, confia-t-il.

Pour cette œuvre, Antonia Ridge a reçu, en 1967, la médaille d'or et le diplôme d'honneur des Meilleurs Ouvriers de France, avant d'être faite membre *honoris causa* de la Sorbonne, à Paris, en 1973, seul écrivain anglais à recevoir alors un tel honneur. La ville de Saint-Étienne, dont elle parle de façon si vivante, lui remit également une médaille. Mais le plus beau des présents, un magnifique cadeau que lui firent les Meilland, que l'on peut encore admirer aujourd'hui, c'est celui qui lui fut annoncé par ce télégramme en 1974 :

« 8 june 74 – LE COMITÉ DE SÉLECTION RÉUNI CE JOUR VIENT DE RETENIR UNE ROSE ROUGE CERISE DE TYPE H.T POUR PORTER LE NOM D'ANTONIA RIDGE AMITIÉS – LOUISETTE MEILLAND »

Et cette belle rose rouge fut plantée dans tous les jardins, en particulier dans les jardins de la principauté monégasque et dans ceux de la famille Meilland à Antibes.

C'est encore la destinée de 'Madame Antoine Meilland' de réunir non seulement les peuples par-delà les frontières, mais aussi des cœurs pour une longue amitié.

► 'Mme Antoine Meilland'.

« Or, en ombelle, juchée au bout d'un jonc, la fleur rosée s'épanouissait seule dans la vase d'une petite mouille peu profonde.

– Mais, fit l'Anglore, Drac, d'où vient que tu l'aimes tant, cette fleur ?

– Elle me plaît, répondit-il, parce qu'elle te ressemble... N'es-tu pas la fleur d'amour, toi qui, née comme elle au sein de l'eau, symbolises la dilection unique et primitive d'un monde neuf et brillant de jeunesse ! »

FRÉDÉRIC MISTRAL,
Le Poème du Rhône
(qui se dit *Lou Pouèmo dou Rose* en provençal)

◂ *'Frédéric Mistral'*

Un parfum exceptionnel rosé avec des nuances fruitées et une très longue persistance. Feuillage dense vert moyen et mi-mat. Bonne résistance aux maladies. Floraison très abondante et ininterrompue. À coup sûr une très grande rose. Hauteur : 90/100 cm.

Où l'homme invente la rose

Le rêve du rosiériste est de créer une rose entièrement nouvelle, jamais vue auparavant, dotée de toutes les qualités que des parents peuvent souhaiter pour leur enfant. Ainsi pour une rose, ce sera une forme délicate de la fleur, un parfum enivrant ou léger, une couleur captivante, un feuillage brillant, tous ces atours de haute couture, mais aussi des qualités plus techniques telles que l'adaptabilité aux sols, la résistance aux maladies, la capacité de refleurir… Le rosiériste voudrait donner à sa rose tout ce qu'il y a de mieux dans l'ordre des beautés et des vertus. Mais tout chercheur qu'il est, inventeur, il ne peut dans son travail admirable que copier la nature, essayer de marier des caractéristiques existantes, jouer sur une palette vivante, tout en restant humble devant les surprises de la nature. Et c'est là que l'œil du sélectionneur est primordial : devant une nouvelle rose, il s'agit de reconnaître l'imprévu, la beauté à cueillir et à élever. Le grand art du chercheur est donc de croiser les ascendances de roses, en observant leurs caractères dominants pour aboutir à cette rose nouvelle qui possédera effectivement toutes les qualités qui lui avaient été choisies.

« La rose est une école de modestie. »
Francis Meilland

◀ Page ci-contre : 'Honoré de Balzac'.

▲ Jacques Mouchotte.

Car une rose nouvelle, créée par des moyens naturels, n'est jamais que la descendante de générations de roses. Elle est aussi le résultat du travail de générations de rosiéristes qui, par les mariages successifs de roses, ont tracé la voie. Passionnante aventure humaine que la généalogie des roses.

Les archives de la maison Meilland constituent un trésor composé des travaux de six générations de rosiéristes. Tous les mariages réussis, ainsi que toutes les combinaisons ayant donné des roses qui ne semblaient pas intéressantes, présentant la dominance d'un caractère déplaisant, sont consignés, répertoriés, pour être utilisés par les obtenteurs de la maison Meilland aujourd'hui : Jacques Mouchotte, Serge Gudin et Michèle Richardier, comme sa mère avant elle, Louisette Meilland, ses grands-parents et ses ancêtres auparavant, jusqu'à Joseph Rambaux, le premier, en 1884. Dans chaque rose nouvelle d'aujourd'hui se retrouve un peu de leur travail à tous, de leur fidèle et soigneux héritage. L'obtenteur agit selon un doigté immuable, transmis de génération en génération, qui sert son imagination, sa propre vision intérieure des roses à créer.

Comment est obtenue une nouvelle rose ? Comment le rêve se fait-il réalité ? Le premier des obtenteurs reste très discret, ne se vante guère, ne fait pas de publicité ; il se contente de bourdonner et de butiner. C'est l'insecte, abeille

L'obtenteur agit selon sa propre vision des roses à créer.

► La famille à l'œuvre en 1955, Michèle, Francis, Alain, Antoine et Louisette Meilland.

◀ Francis montrant à son fils Alain les nouvelles obtentions.

ou bourdon, qui transporte sur ses pattes ou son corps velu des grains de pollen pour les déposer sur un pistil. Le vent, parfois, agit aussi comme pollinisateur. La nature est bien le premier hybrideur et l'obtenteur, son élève, ne fait qu'accélérer peut-être et contrôler la fécondation. N'est-il pas émouvant de se rappeler que, pour croiser deux roses, il y a fort longtemps, les hommes se contentaient de les placer avec soin l'une près de l'autre, dans l'espoir de favoriser les relations naturelles ?

Le genre *Rosa* se prête particulièrement bien à des croisements faits de main d'homme, car il possède trois qualités fondamentales : il est hétérozygote, c'est-à-dire très diversifié, allogame, ce qui signifie que l'on peut croiser des roses entre elles, et s'appuie sur l'hétérosis. Derrière ces mots savants se cachent quelques notions simples de génétique et d'hérédité. Très diversifié, le genre *Rosa* comprend des multitudes de roses que l'on peut croiser ensemble, comme des individus, tous différents, d'une même population, que l'on pourrait marier entre eux. Les différents individus de ce genre sont sexuellement compatibles entre eux et peuvent donner naissance à une nouvelle descendance : c'est l'allogamie, la fertilité de leurs croisements en quelque sorte. Enfin, l'hétérosis, c'est la vigueur hybride : les enfants obtenus de ces croisements ont de fortes chances de surpasser leurs parents en taille, en beauté et en résistance. L'on sait que la fleur de la rose est hermaphrodite, c'est-à-dire qu'elle porte à la fois des organes reproducteurs mâles et femelles. Elle n'aurait donc besoin de personne pour se féconder et produire du fruit. Mais elle préfère se laisser faire par les abeilles, ou les hommes.

AU DOMAINE SAINT-ANDRÉ ou à Antibes, Michou, Serge et Jacques poursuivent chacun leurs rêves de roses. Quand vient le temps des hybridations, autour du mois de mai, ils se lèvent de très bon matin, dès l'aube. Il s'agit de prendre de vitesse le soleil qui fait éclater les anthères pour libérer le pollen. Depuis longtemps déjà, le choix des parents a été fait. L'hybrideur prépare la fleur du parent femelle en lui ôtant sépales, pétales et étamines pour éviter qu'elle ne s'autoféconde. Cette fleur est réduite à son calice, à ses ovaires, à ses styles et à ses stigmates. Elle est protégée, le temps que les stigmates mûrissent et sécrètent un liquide brillant, par un petit sac de papier, afin de parer à toute fécondation intempestive due au vent ou à l'insecte, car la fleur de rose est très aimante, elle est entomophile et anémophile. Ces délicates opérations sont réalisées sous serre, un

« Mais l'arbuste cessa vite de croître, et commença de préparer une fleur. Le petit prince, qui assistait à l'installation d'un bouton énorme, sentait bien qu'il en sortirait une apparition miraculeuse, mais la fleur n'en finissait pas de se préparer à être belle, à l'abri de sa chambre verte. Elle choisissait avec soin ses couleurs. Elle s'habillait lentement, elle ajustait un à un ses pétales. Elle ne voulait pas sortir toute fripée comme les coquelicots. Elle ne voulait apparaître que dans le plein rayonnement de sa beauté. »

ANTOINE DE SAINT-EXUPÉRY,
Le Petit Prince

▼ Michou.

▶ Marie-Louise Meilland observant les résultats de nouveaux croisements.

La fleur de rose

« Rose » s'associe et se confond souvent avec « fleur ». La rose semble être la fleur par excellence. Mais hors de considérations poétiques, examinons la morphologie d'une fleur pour comprendre le travail de l'hybrideur. Rappelons que le rosier est un arbrisseau, aux rameaux épineux, à feuilles alternées sur les tiges, en nombre impair. Ce que l'on nomme fleur, qui éclôt seule, ou associée à d'autres pour former un corymbe appelé aussi bouquet terminal, est composée de nombreux éléments : des sépales, réunis en un calice supporté par un réceptacle floral formé par le sommet du pédoncule. Les pétales, image même de la fleur, forment la corolle. Au centre se trouvent les organes reproducteurs : le pistil femelle formé de l'ovaire reposant sur le fond de la coupe du calice, du style qui le prolonge, lui-même surmonté par les stigmates ; les étamines mâles, nombreuses, sont composées d'un filet avec à son extrémité supérieure l'anthère, un petit sac renfermant le pollen fécondateur.

milieu qui minimise les aléas des vents et des insectes butineurs, ou dans un jardin caressé de rais de soleil. Au printemps, les champs de roses semblent être couverts de petits papillons blancs, bien immobiles, qui ne sont autres que les petits sachets protégeant les principes reproducteurs de la rose. L'hybrideur prélève aussi les organes mâles, les étamines, de la fleur choisie comme père, quand le pollen est mûrissant, avant qu'il ne se répande de lui-même. Les étamines sont placées dans un récipient de verre, à l'ombre, à la température nécessaire à l'éclatement des anthères qui laissent échapper les grains de pollen. Puis l'hybrideur va se substituer à l'abeille, avec autant de douceur, de doigté, de délicatesse. Il va prendre le pollen du parent mâle à l'aide d'un pinceau et le poser à la surface légèrement rugueuse et humide des stigmates du parent femelle prêts à le recevoir. Celui-ci est de nouveau protégé après l'opération, pendant que le pollen germe, développe des tubes polliniques, minuscules filaments, qui vont s'introduire dans les styles pour féconder les ovules. De chaque fusion de cellules résulte une graine ; et d'une fécondation naissent des centaines de graines, qui sont autant d'enfants, tous différents bien que nés des mêmes parents.

Ces graines, contenues dans des fruits, fort décoratifs d'ailleurs, sont semées en janvier et février et vont donner naissance à des centaines de plantules. Pour l'hybrideur apprenti, l'un des obstacles à surmonter est celui de savoir faire germer la graine, tâche bien aléatoire. Les petites graines sont alignées, numérotées, leur emplacement est répertorié afin que, une fois le rosier épanoui, l'on puisse inscrire le résultat des croisements aux côtés des parents. Pour chaque rosier sont notés au fil des mois son comportement, sa résistance au vent, à la sécheresse, aux maladies, aux ravageurs, à la pluie, au froid comme à la chaleur, sa forme, la tenue et la couleur de son feuillage, tous les stades d'épanouissement de sa fleur, du bouton à la pleine floraison, son diamètre, sa durée de vie, ses nuances de couleur, puis ses fruits. Les petits rosiers d'un an sont multipliés pour être répartis dans plusieurs jardins d'essai. Cette multiplication est végétative, faite par greffe ou bouture, la reproduction sexuée étant proscrite afin d'éviter tout changement génétique imprévu.

L'OPÉRATION SUIVANTE est l'œuvre du sélectionneur, qui est avant tout l'œil, celui qui voit, et dont l'intuition sélective, appuyée sur des années de connaissance des roses, est primordiale. C'est le rôle de Gaston, comme c'était celui de son père avant lui. C'est un observateur, qui semble vivre en symbiose avec la nature, qui la regarde, l'écoute et en retransmet les beautés. Les croisements répondent-ils aux qualités requises, aux goûts, à l'envie de nouveauté, au besoin de rêve de cette année-là ? Il doit choisir. Choisir entre garder et détruire. Car le manque de place et le coût de l'entretien ne permettent pas de tout garder pour le jour hypothétique où l'on aura besoin d'une de ces plantules comme géniteur. Que de tourments causés par le geste irrémédiable de la destruction des plants non sélectionnés ! Arracher un plant, une nouvelle rose qui ne sera jamais vue, ni admirée. Le choix se porte non seulement sur la variété enthousiasmante qui répond à toutes les attentes scientifiques préétablies, mais aussi sur celles qui sont en attente, soit pour être observées sur une période plus longue, afin de balayer toute incertitude, soit en raison de l'apparition d'un caractère nouveau peut-être intéressant à croiser un jour. D'autres sont gardées pour s'accoutumer, réfléchir et tester. La réflexion de l'hybrideur va donc conduire à deux types de croisements : les hybridations pour trouver une rose nouvelle susceptible d'enrichir le patrimoine des roses et de combler les sens des amateurs, et les hybridations d'« essai », en petites quantités, qui combinent parents mâles et femelles afin d'apprécier leurs qualités de géniteur, les caractères dominants présents à chaque croisement. Chaque géniteur probable est ainsi testé pendant cinq ans.

C'est ainsi que l'hybridation, parentage naturel, réserve parfois de belles surprises. De deux roses rouges naquit un jour l'inattendue 'Claudia', un hybride de Thé, rose pâle bordé de vert tendre. Pourquoi des surprises, me direz-vous, si tous les ascendants sont si soigneusement consignés ? Les Meilland ne se contentent pas de vivre en vase clos, la recherche ne connaît pas de frontières. Ils travaillent avec des parents de l'étranger, des roses américaines ou allemandes, anglaises ou hollandaises… aux caractères moins bien connus, parfois même de parents inconnus. Quelle ne fut pas la surprise, par exemple, de voir éclore une rose rouge mouchetée de points blancs, une jolie pensée pour les coccinelles, bêtes à bon Dieu, doublures écologiques d'insecticides polluants ! D'où viennent les pois ? Est-ce un caractère transmissible ? Peut-être dans son ascendance y avait-il un géniteur moucheté ? Peut-être est-ce le résultat d'une combinaison génétique apparue soudainement par un heureux caprice de la nature ?

La sélection se fait selon plusieurs étapes : premièrement, le stade précoce de sélection au cours duquel sont gardés six mille individus environ sur les cent mille semis germés. Une moitié concerne les rosiers destinés à fleurir des bouquets et l'autre moitié ceux choisis pour orner nos jardins. Le deuxième stade de sélection a lieu uniquement au Domaine Saint-André, parmi les six mille individus en sont retenus six cents. Au troisième stade de sélection, les plantules voyagent ; pour être retenues, elles doivent passer plusieurs années en observation dans des jardins d'essai confidentiels aux conditions et latitudes très différentes. C'est Alain Meilland qui préside à leur installation et surveille leur mise en culture. Ces jardins d'essai, qui appartiennent tous à des représentants de Meilland, ont été choisis pour leur milieu de culture et leur situation géographique représentative des cinq climats principaux : le climat méditerranéen du Domaine Saint-André dans le Var, le climat continental européen des jardins de Tassin-la-Demi-Lune dans la région lyonnaise, la patrie des rosiéristes français. Les rosiers sont expérimentés aussi sous un climat froid, de type continental européen avec des étés très courts et des hivers très froids, près de Hambourg, au nord

La famille des rosacées

La famille des rosacées est une grande famille qui se reconnaît à ses jolis pétales régulièrement disposés en corolle et à ses feuilles généralement alternes. Mais c'est bien peu pour savoir qu'un fraisier ou une ronce sont des rosacées. Cette famille comprend des arbrisseaux comme des plantes herbacées, des plantes épineuses et d'autres imberbes ; des fructifications sous forme de drupes ou d'akènes, de follicules ou de pommes. Amandier ou cerisier, potentille ou poirier, alchemille ou reine des prés, lui appartiennent.

Où l'homme invente la rose

▶ **Les phases de l'hybridation**

1. Retrait des étamines d'une rose de laquelle ont été ôtés pétales et sépales.

2. La rose est prête à être fécondée, elle est réduite à ses organes reproducteurs femelles.

3. Le pollen à maturité.

4. L'acte de l'hybridation : le pollen est délicatement déposé sur les stigmates.

5 et 6. Les fleurs fécondées sont protégées par un sachet.

Les croisements

Les enfants des roses reproduisent à peu près les caractères de leurs parents, mais chaque enfant est différent, résultant d'une combinaison particulière de caractères génétiques. Tout se passe au niveau du noyau reproducteur qui contient des éléments basiques de reproduction, les chromosomes. Le chromosome se présente sous la forme de baguettes d'acides organiques complexes, les gènes. Chaque gène porte un caractère d'hérédité singulier. Les rosiers dits modernes, c'est-à-dire postérieurs à 1920, ont une structure chromosomique tétraploïde, c'est-à-dire que dans chaque noyau se trouve un empilage de quatre gènes, deux mâles et deux femelles. Car les chromosomes vont par paires, l'imparité étant synonyme de stérilité. Les rosiers dits anciens sont difficiles à croiser, car leur structure chromosomique est variable, diploïde, tétraploïde ou même pentaploïde. L'hybrideur, de fait, effectue un remaniement chromosomique au cours de la reproduction sexuée. Les chromosomes analogues chez le père et la mère s'apparient. Ils se scindent puis se recollent, différemment, un élément femelle s'accrochant à un élément mâle.

1

4

2

5

3

6

7

8

◄ Les phases de l'hybridation (suite)

7. Les fruits du croisement.

8. Les plantules résultant du semis des graines contenues dans le fruit.

9. Première floraison après un croisement, laquelle est la plus belle ?

de l'Allemagne, et à l'inverse sous le climat californien, sorte de climat méditerranéen amplifié où la chaleur et le rayonnement solaire sont plus accentués. Ces rosiers sont encore examinés en Pennsylvanie, dans la région de Philadelphie, aux amplitudes thermiques très importantes, marquées par des étés chauds et humides et des hivers très rigoureux, ou dans les environs de Séville. Pourquoi une telle diversité de climats ? Le rosier est une plante extrêmement sensible aux variations climatiques, si bien qu'il se comporte de façon très différente dans chacun de ces jardins. Chaque rosier est ainsi sélectionné en raison non seulement de son aspect mais aussi de son adaptabilité climatique, qui va déterminer si le rosier sera une plante qui réjouira l'Europe, de la Suède jusqu'aux extrémités de l'Andalousie, ou bien qui trouvera sa place dans les jardins californiens. Il arrive qu'une plante se conduise bien partout, mais c'est l'exception.

GASTON, JACQUES ET SERGE observent ainsi les nouveaux rosiers pendant cinq ans, parfois six, voire sept. Quand arrive l'éclosion des fleurs, leur travail de sélectionneurs commence. Au premier stade, quand les graines ont germé pour donner

9

des rosiers chargés d'espérances, ce sont les petites plantes, encore fragiles, qui vivent entourées de soins dans les serres mobiles. On ne les fait sortir que lorsque le temps est beau, la brise légère. Ces serres montées sur rails permettent de les placer au grand air, la seconde année de leur vie, sans leur faire subir le choc de la transplantation, souvent fatale. C'est Francis Meilland qui avait décidé de quitter Tassin pour Antibes, au climat plus clément, et de mettre au point la culture de rosiers nouvellement germés dans un milieu plus sûr, celui de la serre, où température et hygrométrie sont contrôlées, les pluies et les vents, étrangers. Les plantules sont repiquées soit dans une belle terre riche de jardin, soit dans un substrat contrôlable, homogène, fait de perlite au grain étudié pour un drainage idéal, dans lequel est ajoutée une solution nutritive qui convient parfaitement à la culture de rosiers. Une fois ces jeunes plants suffisamment vigoureux, ils ne sont pas rempotés, mais c'est la serre elle-même qui, montée sur rails, se déplace pour abriter une nouvelle « population » issue des dernières hybridations et laisse les jeunes plants vivre en milieu naturel. La serre permet également une continuité de culture pour la fleur à couper, indépendante des saisons, et l'entretien de pieds mères.

JOUR APRÈS JOUR, année après année, les sélectionneurs regardent, touchent, sentent ces promesses de fleurs. Et dans tous les jardins d'essai, dans tous ces champs de roses, des observateurs se promènent et notent, parlent parfois. Soudain, la beauté qu'ils espéraient éclôt, le bouton est parfait ; comment sera la fleur tout épanouie ? Ces matins, et ces soirs de juin, si pleins d'attentes : cette nouvelle rose vue l'an passé tiendra-t-elle ses promesses, supportera-t-elle le mistral du Cannet, la bise de Hambourg, le zéphyr pennsylvanien, la pluie de Tassin ? Résistera-t-elle aux insectes ailés, aux bactéries ravageuses ? Rien n'est *a priori* méprisé, la nature leur a déjà fait tant de cadeaux, il suffit d'ouvrir les yeux pour les recevoir. En témoignent ces jours où Jacques arrive à la cantine – ce lieu où une grande table réunit les membres de la maison Meilland, ceux qui sont là, où chacun raconte ses dernières découvertes, le dernier certificat obtenu, où l'on pense aux amis des quatre coins de la Terre – une rose tigrée à la main, un pétillement dans les yeux, ces jours où Serge se promène, toujours calme et posé, une longue tige à la main, un parfum dans le cœur, ces après-midi où André jardine, pour laisser ses projets, rêvés, germer en lui, ce matin où Alain remarque un rosier qui semble ne pas être affecté par le désherbant, dont les qualités de résistance vont faire ensuite l'objet d'études pour être un géniteur digne d'intérêt.

Et Jacques voyage, avec son œil qui fait la synthèse de toutes les observations, il va marcher dans les champs lointains, être surpris ou confirmé dans ses attentes, émerveillé par le comportement d'une rose mise au monde, déçu par la faiblesse d'une autre. Chaque année, au Domaine Saint-André, se réunissent les observateurs des jardins d'essai pour rassembler toute l'information sur chacune des plantes examinées afin de décider de leur avenir. Le choix final se fait dans la chaleur de l'été méditerranéen, quand le vent chaud enivre de parfums de roses et que la vue se gorge des couleurs dans les champs d'expérimentation. Cet aboutissement de dix ans de travail, parfois quinze, est l'œuvre d'un groupe de travail appelé *working group* – car même la rose s'était mise à l'anglais, depuis que Francis avait appris l'anglais et qu'il était parti découvrir l'Amérique en 1935.

Parallèlement au stade de sélection dans les champs s'effectue celui dans les serres pour les roses destinées aux bouquets, destinées à être cou-

Crossing-over

Lorsque l'on effectue un croisement (*crossing-over*), soit l'on tente d'introduire des gènes nouveaux qui vont se combiner avec d'autres, différents, pour donner une nouvelle combinaison, encore jamais réalisée dans la nature, soit l'on cherche à concentrer les gènes qui existent à un niveau donné pour obtenir une caractéristique bien affirmée. Il arrive parfois, par chance, qu'une liaison génétique proche sur le chromosome soit cassée et qu'une nouvelle liaison, favorable celle-ci, se fasse. Là, l'obtenteur est content s'il a obtenu que soient dissociés un caractère indésirable et un caractère très apprécié, comme la sensibilité à la maladie des taches noires et le caractère parfumé. Chez le rosier, si l'on cherche à intensifier une caractéristique, il convient d'essayer d'additionner les gènes adéquats. Prenons l'exemple de la résistance au froid d'un rosier : si le but de l'obtenteur est d'avoir un rosier qui puisse fleurir sous des latitudes nordiques, il cherchera à accumuler les gènes de résistance au froid.

◄ 'Coccinelle', une surprise de l'hybridation avec ses taches blanches.

pées. En passant d'une serre à l'autre, refermant soigneusement les lourdes portes coulissantes derrière soi, l'on accélère le temps, en franchissant, d'une porte, une année. Dans les serres du Cannet, comme dans celles d'Antibes, tous les stades de sélection sont présents. D'une banquette de semis tout juste germés, à ras de terre, le tout bien numéroté, l'on passe à une forêt de roses qui vous offrent leurs fleurs à hauteur de nez, à hauteur de regard pour vous séduire, d'emblée. Là encore les rosiers présélectionnés partent se faire examiner à l'étranger : à la fois en Hollande et en Colombie, deux pôles extrêmes de luminosité solaire. En serre, ces rosiers sont testés selon leurs capacités de production. La tenue de la rose, la longueur de la tige, la beauté du bouton, la vitesse d'ouverture de la fleur sont primordiaux pour assurer l'avenir d'un rosier. À l'extérieur aussi sont plantés ces rosiers afin de voir s'ils sont aisément multipliables pour être ensuite vendus aux producteurs. Rappelons que les Pays-Bas et la Colombie sont les deux premiers pays producteurs et exportateurs de fleurs coupées.

QUAND, ENFIN, DE NOUVELLES ROSES sont choisies, c'est une joie pour toute la maison. Immédiatement, on prend les mensurations de la rose, on note tous ses comportements, on la décrit minutieusement afin de faire une demande de certificat d'obtention végétale pour protéger le produit de dix ans de labeurs et d'espoirs. Les roses nouvellement choisies sont présentées en primeur à la « petite ONU des roses », lors de journées passées entre travaux et merveilles, entre discussions techniques et grands déjeuners champêtres, qui réunissent les agents Meilland du monde entier.

Michou et les surprises de l'hybridation

Michèle Richardier, affectueusement appelée Michou, est la femme, la fille, la petite-fille, l'arrière-petite-fille de créateurs de roses. C'est donc une voie toute naturelle qu'elle suit. Et pourtant, elle reste émue et émerveillée devant les beautés de la nature, devant chacune des roses qui éclôt d'un mariage, devant chacun des trésors qu'elle fait naître. Procède-t-elle scientifiquement, classant soigneusement ses objectifs, comparant les résultats avec les données de départ? Non, elle laisse ces capacités à Serge et à Jacques. Elle-même n'a aucune certitude, mais une intuition extraordinaire, doublée d'une formidable capacité d'émerveillement. Sa première hybridation fut pour elle la grande leçon de sa vie : dans un coin de son jardin, elle croisa deux roses pour obtenir un rosier miniature grimpant. Et ce fut… un merveilleux rosier de patio, 'Pêche Meillandina'. Ce premier croisement, cadeau de bienvenue dans cette vie d'obtenteur, sonna pour elle la fin des certitudes.

► Ci-contre et page de droite : variétés en cours de sélection.

La réunion des agents ou la « petite ONU des roses »

Initiée par Francis Meilland, la réunion des agents a traditionnellement lieu chaque année au début du mois de juin, moment où les rosiers sont en fleur dans les champs environnant le Domaine Saint-André. Elle a pour but de confronter les résultats des observations sur les variétés nouvelles, menées par les agents de tous les horizons dans leur jardin d'essai. Cette réunion, multilingue, qui réunit différentes cultures autour d'un même objectif, la promotion de roses nouvelles, a été comparée à une petite ONU des roses.
Des visites dans les champs, de doctes conférences, de grands déjeuners amicaux sont autant d'occasions pour les agents de se parler, de comparer les résultats du comportement des roses sous leur latitude. À l'issue de quelques jours, une prédécision est prise concernant le lancement d'une variété ou son élimination ; décision qui sera confirmée au mois de septembre.
Une assemblée semblable, mais intéressée par la fleur coupée, se réunit au mois de novembre quand les roses sont belles dans les serres, mieux conservées par le froid extérieur, pour délibérer sur les rosiers destinés à produire des fleurs à couper. En juin 1997, Alain Meilland a voulu réunir dans un même ample mouvement tous les agents des sections « rosier de jardin » et « fleur coupée » pour favoriser une plus grande collaboration.

Chacun y exprime ses besoins, les tendances du marché dans son pays, ses appréciations sur les roses. Cette internationalisation de Meilland avait été envisagée puis initiée par Francis Meilland. Au départ, en juin 1939, les Meilland invitent à Tassin leurs amis et clients pour leur montrer leurs dernières obtentions, toutes numérotées, installées dans les petites banquettes de culture, et leur expliquer les objectifs recherchés. Le correspondant allemand souhaite que chaque année les rosiéristes se rencontrent pour parler… de roses. La guerre survient et les communications sont bientôt coupées, mais Francis pense et agit. Lorsqu'en 1948 enfin il s'installe à Antibes, il peut réaliser ses rêves, se consacrer à la recherche et organiser ces réunions d'amis des roses. C'est la

Francis Meilland et sa première hybridation

À dix-sept ans, en 1929, Francis accompagne son père à une réunion d'amateurs de roses et de rosiéristes – la première réunion de ce style à avoir lieu – organisée par un ingénieur chimiste passionné de roses, Charles Mallerin. C'est à ce moment-là que naît chez Francis le désir de créer une rose. De retour à Tassin, il s'empare d'un carnet et observe, sent, touche chacune des roses du jardin. Il décide alors de faire un croisement entre 'Sunstar', une rose demi-double, parfumée, rouge et orange, et 'Sir David Davis', une rose double de coloris sombre, pourpré. Première hybridation en l'année 1929 : le croisement sera référencé sur son cahier d'écolier sous la mention 1-29. La première année vit éclore vingt-cinq combinaisons nouvelles. Heureusement, Claudia est là pour bercer les espoirs déçus, panser les espérances anéanties par le chien Caddy qui enterre un os dans la banquette de semis, par le mildiou qui ravage les semis en 1932, 1934, 1935 et 1937. Quatre ans après, quelques maigres résultats, rien de frappant. Mais Charles Mallerin amène tout de même à Tassin Robert Pyle, un éminent rosiériste américain. C'est l'examen ; le verdict tombe : Francis est « plein d'avenir » peut-on lire dans les journaux outre-Atlantique.
En 1937, huit ans après le premier croisement, après huit années d'observations et d'essais déçus, est sélectionnée une rose, jaune d'or, double, au feuillage généreux. Robert Pyle la baptisa 'Golden State'.

naissance de Universal Rose Selection, chargée de la distribution des produits de la recherche Meilland et de tout ce qui l'accompagne, protection, publicité, mais aussi organisme de réflexion de tous les correspondants membres. Les conférences annuelles ont lieu la première semaine de juin, aujourd'hui au Domaine Saint-André mais auparavant à Antibes. Francis avait défini l'objectif de cette organisation : « assurer toujours une plus grande satisfaction à l'amateur qui plante un rosier ou à celui qui achète une rose ».

Après la naissance d'un rosier original, le rôle de l'homme consiste juste à l'élever, à regarder son comportement qu'il ne saurait corriger. Il n'y a pas d'éducation possible d'une rose ; l'homme, s'il intervient au moment de l'hybridation, ne peut ensuite que se soumettre et accompagner la nature.

Quelle aventure que de suivre la naissance d'une petite rose et de l'accompagner jusqu'à ce qu'elle effectue ses débuts dans le monde, quinze ans plus tard !

► **Variété en cours de selection.**

« Toute présence végétale agissait sur elle comme antidote, et elle avait une manière étrange de relever les roses par le menton pour les regarder en plein visage. »
COLETTE, *Sido*

◂ *'Colette'*

La fleur de coloris original rose corail suffusé de rose empire clair est très parfumée et de style rose ancienne. Floraison abondante. Fleurs de cent trente-cinq à cent quarante pétales. Très bonne résistance aux maladies. Hauteur : 1,50 m et plus. Épanouissement facile, même sous la pluie. Rosier idéal en groupe isolé sur pelouse.

Des roses au jardin

Une nouvelle rose, oui, mais la nouveauté n'est pas le critère primordial de la recherche. Et puis, il faut du temps pour faire une rose, une quinzaine d'années, la mode a le temps de changer. La recherche doit tout de même répondre aux besoins du jour, à la demande des producteurs, des fleuristes, du public. La rose était la fleur la plus plantée dans les jardins du Moyen Âge. Aujourd'hui, les goûts varient en fonction des pays, mais il n'est pas un jardin qui n'ait son rosier. La rose est aussi la fleur par excellence, celle des bouquets, celle de l'amour. La recherche, en croisant les roses, en multiplie les affectations, et donne à l'amoureux des roses toutes les possibilités pour s'entourer de ces pétales, qu'il ait un champ dans l'Oregon, un *patio* en Andalousie, un jardin dans l'Aveyron, un balcon à Paris ou bien encore un vase dans sa maison.

« Mes grandes distractions, c'était d'aller voir avec mon père, ma mère, mes grands-parents, le jardin ; d'aller voir à la tombée du jour les roses rouges quand elles brillent, d'aller voir les roses jaunes le matin, quand elles sont fraîches avant le soleil. »

ALAIN MEILLAND

« Je regarde la neige blanche et je *vois* des roses rouges. [...] Le rosier n'est aujourd'hui qu'un tourment de bois noir et pourtant je ne pense pas aux roses rouges, je les *vois*, dès maintenant, je vois leur rougeur, leur gaieté, la balançoire pas très loin et la grande étendue d'herbe verte. »

CHRISTIAN BOBIN, *La Plus que vive*

Les obtenteurs de la maison Meilland créent des roses à foison. Pour tous et pour toutes les localisations. Ils distinguent traditionnellement les roses de jardin et les roses pour bouquet. Commençons par nous promener dans des jardins, dans des paysages choisis, dans ces étendues vastes et bucoliques comme dans ces nids de verdure qui font respirer nos durs univers urbains ou industrialisés.

Un rosier dans un jardin, c'est normal, direz-vous. Oui, indispensable ; imagine-t-on un jardin sans une rose ? Même si les concepts modernes du jardin peuvent faire préférer les associations originales de plantes méconnues, la rose reste unique, et ne se mélange guère aux autres plantes. Pour elle seule fut créée la roseraie, ce lieu magique dont les effluves s'attachent à chacun de nos pas. Toutes les aspirations à la beauté sont comblées et même si l'on vit à l'époque moderne, le pas rapide, le sourcil froncé, les soucis en tourbillon sous le front, quand on traverse une roseraie, lieu de passage obligé entre la Seine et le Muséum à Paris par exemple, dès le deuxième massif, le pas s'adoucit, le front se déride, l'air devient perceptible, les sons de la nature s'imposent à l'oreille, reléguant à l'arrière-plan les rumeurs automobiles et les voix des passants. La narine alors palpite, effluves de citron, de sucre, de musc tout de suite l'enivrent. S'arrêter sur un banc, à l'ombre d'un platane, devient chose naturelle, immédiate, et ne nécessite même pas un enchaînement de questions et de réponses, de doutes, de regards sur les aiguilles d'une montre. On s'arrête, voilà. La rose triomphe. L'air de juin se fait d'une douceur magique. Le travail mis entre parenthèses pour un temps, la pensée peut s'envoler et bâtir ses projets.

Visiter une roseraie, prévoir une journée consacrée à la rose devraient être des prescriptions plus fréquentes de nos sociétés malades. Organiser son existence pour l'offrir à une promenade. Prendre un train ou sa voiture et parvenir à l'heure où les roses sont à peine écloses dans leurs jardins de paradis, toujours rêvés, jamais découverts, le jardin d'André Ève, la roseraie de L'Haÿ-les-Roses, pour remonter le temps des roses.

LA ROSE REMONTE à la plus haute Antiquité. Reine des jardins, elle est aussi reine des parfums. Les croisés de saint Louis évoquent avec nostalgie Damas et le musc, tant et si bien que pendant des générations l'épopée ira chercher, en plus de la découverte des mondes, la fragrance perdue. Déjà la rose provoque la passion et alimente l'amour. Quelle est cette fleur que l'on trouve au temps des dinosaures, douceur irréelle dans un monde sauvage ? Elle était alors discrète, à cinq pétales, une simple églantine ; mais une églantine bien épineuse. Dans les temps historiques, elle est remarquée, racontée, il s'agit toujours d'une forme sauvage à cinq ou parfois dix pétales. *Rosa canina* est le nom qu'on lui donne, car sa racine guérit de la rage. Au temps d'Hérodote (Vᵉ siècle avant J.-C.), la même rose s'est enrichie d'une dizaine de pétales. Est-ce un cadeau de la nature, une mutation naturelle, une manipulation humaine ? Nul ne le dit. C'est bien cette églantine sauvage qui est à l'origine de la rose au parfum de musc, *Rosa moschata,* née en Asie occidentale, retrouvée en Syrie au XVIᵉ siècle, et de la rose de Provins, *Rosa gallica,* nommée semble-t-il à tort « gallique », car elle n'est pas originaire des Gaules ou du pays de Galles mais plutôt du sud et du centre de l'Europe. Ces deux roses sont les ancêtres de la plupart de nos roses de jardin. Au XVIᵉ siècle viennent d'Orient enrichir le patrimoine de nos jardins français la rose de Damas, *Rosa damascena*, et la rose jaune,

◄ 'Pink La Sevillana' devant le Colisée à Rome.

Rosa foetida. Les hybrides qui naissent dans ces temps anciens semblent être le fruit de la seule nature, dont on peut dire avec Malherbe :

« Mais elle était du monde où les plus belles choses ont le pire destin

Et Rose elle a vécu ce que vivent les Roses, l'espace d'un matin. »

Au cours de la seconde moitié du XVIIIe siècle, c'est la révolution dans les jardins. En 1750, la rose à cent pétales, probablement une enfant des roses les plus anciennes, l'églantine, la rose de Damas et la rose de Provins, fait la joie de tous les peintres, tant et si bien que cette *Rosa centifolia* fut surnommée « rose des peintres ». *Centifolia* veut dire cent feuilles ; pourquoi cent feuilles pour décrire cent pétales ? Chaque pétale n'est en fait qu'un avatar de feuille, une feuille transformée au cours de l'évolution pour aboutir à un pétale exquis dépourvu de chlorophylle. La date de naissance de *Rosa centifolia* est obscure, 1750 pour certains, bien antérieure pour d'autres. N'est-ce pas cette même rose qui entoure parfois la Vierge Marie, Rose Mystique, dans les œuvres des primitifs italiens dès le milieu du XIVe siècle ? Rose sœur de 'Pierre de Ronsard', la si bien nommée, car nul ne chanta si bien la rose que notre poète. Les voyageurs qui empruntent les voies de la Compagnie des Indes rapportent, avec les porcelaines de Chine, des greffons de roses, achetés dans des pépinières locales. C'est en Angleterre qu'elles sont immédiatement appréciées et cultivées dès leur arrivée en 1792. La première s'ap-

Conçue pour supporter l'éclat des soleils andalous et les torrides étés romains, 'La Sevillana'.

► 'Yves Piaget'.

pelle 'Slater's Crimson China', sans doute un hybride de *Rosa chinensis.* Les quatre premières roses de Chine sont des roses très fragiles mais à feuillage sain, et, surtout, grande nouveauté, elles fleurissent plusieurs fois par an. C'est aussi l'époque où est introduite la très vigoureuse *Rosa rugosa*, en provenance d'Extrême-Orient.

Avec cet éventail de roses pouvait s'ouvrir l'ère des rosiéristes, à partir de 1850. Les croisements donnent naissance à de grandes familles de roses : les polyanthas, dont les petites fleurs sont réunies en corymbes, et les floribundas, dont le nom évoque l'abondance mais ne renseigne pas sur la petitesse de leur taille. Le travail des obtenteurs, cette démarche scientifique et artistique en même temps, est l'héritage de tous ces rosiéristes, souvent inconnus, qui ont offert au monde des roses qui donnent au cœur un air de gaieté, à l'âme une tendresse particulière. Dans la lutte de Francis Meilland pour la protection des végétaux planait le souvenir du père de 'Ulrich Brunner', M. Levet, mort dans la misère, pour l'enterrement duquel ses amis rosiéristes durent se cotiser.

AUJOURD'HUI, MEILLAND oriente ses recherches pour offrir des lignes de rosiers adaptées à chaque jardin particulier, selon sa latitude, sa taille, son dessin : rosiers buissons ou grimpants, à grandes fleurs ou à fleurs groupées, rosiers pour les grands espaces paysagers ou rosiers pour les petits jardins et les *patios.*

Au goût du jour, la ligne Romantica, qui réunit sous ce label suggestif toutes les roses modernes de Meilland, buissons ou grimpants, aux fleurs de forme ancienne. La rose ancienne a ce charme épanoui de la rose à cent feuilles, avec sa multitude de pétales, autant de réjouissances de nuances colorées, son port légèrement arqué, les tiges entraînées par le poids des fleurs écloses. Les pétales sont souvent ourlés, découpés, froncés, pour ajouter à leur allure désuète, souvenir de temps anciens, et nous donner l'irrésistible envie de les caresser, les froisser, les envoyer en tourbillons dans un grand élan joyeux pour tresser dans le ciel les guirlandes suspendues aux nuages des plafonds dessinés par Boucher. Les Romantica ont pour nom 'Colette', 'Honoré de Balzac', 'Traviata', 'Renoir'... des noms de romances poétiques, de féeries peintes, de temps historiques. La fleur double de la rose 'Abbaye de Cluny' marie à un velouté de pêche la teinte abricot, les pétales s'éclaircissant progressivement sous le regard. Dans ces teintes chaudes se déclinent l'orangé du gai grimpant 'Polka' aux pétales lobés, 'Jean Giono' à cœur safrané, 'Toulouse-Lautrec'

◄ 'Abbaye de Cluny'.

Les rosiers Romantica aux noms de romances poétiques, de féeries peintes, de temps historiques.

André Trois dit André le jardinier Meilland

André mérite bien de porter le nom des Meilland : c'est avec Papa Meilland qu'il commença de travailler au Cap d'Antibes, dans les serres comme dans le jardin. C'est lui qui supervisa l'installation des serres et des champs de rosiers en vue de la recherche au Domaine Saint-André, à partir de 1968. Serres, vitrines de variétés et champs bourgeonnant de nouveautés, voilà le domaine d'André. Chez les Meilland, saint Fiacre, le patron des jardiniers, semble avoir été détrôné par saint André, qui leur porte bonheur. Des roses dans les mains, des projets dans la tête, des rêves dans le cœur, voilà André le jardinier qui passe toute sa vie dans les roses, ici et là, à Courson où il est devenu l'homme incontournable, ou en Italie, où il s'occupe du suivi des cultures chez les producteurs. André, c'est encore un sourire accueillant et mille conseils compétents. Et peut-être aussi la pérennité d'une image, celle d'Antoine Meilland, comme l'a remarqué Alain : « Quand je vois André avec son grand tablier de jardinier et son chapeau de paille, il me fait de plus en plus penser à mon grand-père. »

dont les sphères jaune éclatant évoquent les grandes masses colorées et franches du peintre, appliquées de sa touche large. Pourquoi sous ce label des formes anciennes, oubliées, redécouvertes, recréées ? Le jardin anglais avec son naturel savamment désordonné, ses fleurs qui se mêlent en des mariages rêveurs, a pris le pas sur les parterres ordonnés et les massifs alignés. Et la rose, reine des jardins, se souvient des temps anciens et se laisse recréer par les obtenteurs du temps présent. David Austin, dans les années 50, par des mariages de buissons modernes avec de vieilles variétés récoltées au fond des jardins de cottages et de pasteurs, obtient des roses modernes de forme ancienne. La passion naîtra plus tard pour ces fleurs qu'il appelle, tout simplement, « English Roses ». Wilhelm Kordes s'y essaya aussi dans ces années-là, mais l'Europe continentale avait des critères esthétiques qui différaient fort de ceux des Anglais. Déjà un Français, Buatois, avait obtenu une rose de forme ancienne au début des années 30, 'Gabriel Noyelle', issue d'un hybride de Thé et d'une rose moussue. Elle n'eut aucun succès.

'Eden Rose', la bien nommée, n'est autre que celle pour laquelle le cœur s'enflamme, celle dont chaque pétale est un sonnet, chaque nuance une douceur de l'âme, celle de notre poète 'Pierre de Ronsard'. 'Eden Rose' ou 'Climbing Eden Rose' sont les noms anglais et américain de 'Pierre de Ronsard'. C'est un rosier grimpant, de ceux qui entourent dans les tableaux anciens une madone dans son jardin de nuages, une rose très pâle, aux cent pétales, serrés en sphères denses, s'épanouissant en quartiers à l'ancienne, finement ourlés de rose vif comme pour mettre en valeur le soupçon vert de l'avers et la teinte vert pâle des petits boutons ronds. Dire l'émotion des colonnes de roses retombantes, succédant aux panicules mauves et sucrées des paulownias le long de l'orangerie des jardins du Luxembourg en juin, dire la splendeur de quelques roses reposant dans la fraîche pénombre des après-midi d'été, lorsque l'air vibrant de chaleur semble somnoler, c'est à toute heure contempler l'aurore aux doigts de rose, c'est rythmer ses jours de poésies.

« LE BEC D'UN SÉCATEUR claque au long des allées de rosiers. Un autre lui répond, dans le verger. Il y aura tout à l'heure dans la roseraie une jonchée de surgeons tendres, rouges d'aurore au sommet, verts et juteux à la base. » Colette décrit si bien, dans *La Maison de Claudine,* la rose qui lui a été dédiée par Meilland que l'on se demande si ses écrits, ses vibrants hommages aux couleurs et aux odeurs, n'ont pas guidé l'obtenteur de ce charmant rosier, bien sûr parfumé. Roses d'artistes encore que sont les Romantica 'Guy de Maupas-

'Pierre
de Ronsard',
la rose dont
chaque pétale
est un sonnet,
chaque nuance
une douceur
de l'âme.

◄ 'Pierre de Ronsard'.

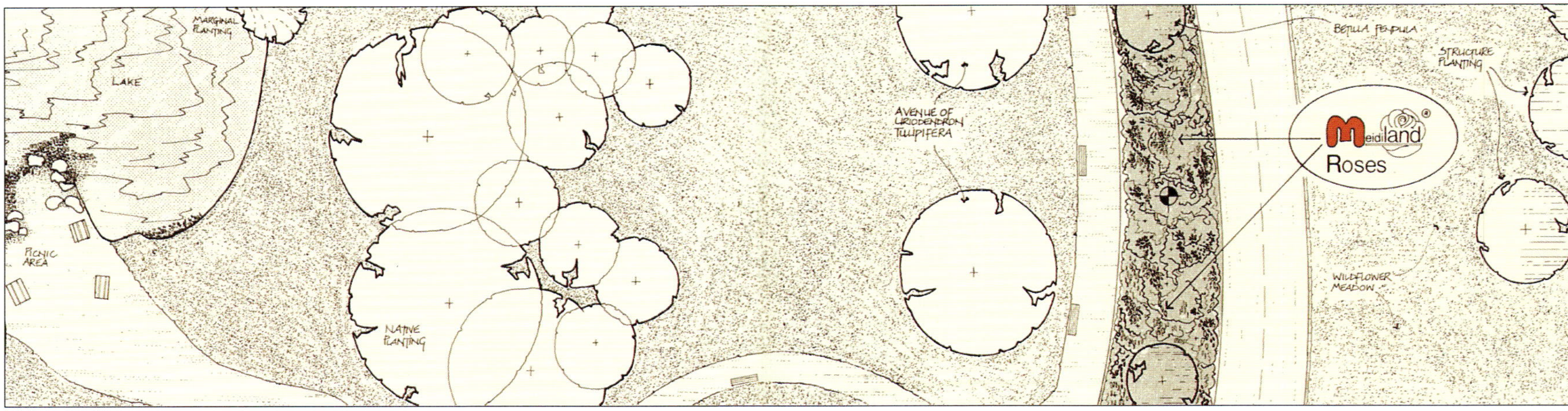
MARGINAL PLANTING
LAKE
PICNIC AREA
NATIVE PLANTING
AVENUE OF LIRIODENDRON TULIPIFERA
BETULA PENDULA
STRUCTURE PLANTING
Meidiland Roses
WILDFLOWER MEADOW

◄ 'Polka'.

sant' et 'Honoré de Balzac', avec sa rose pleine, généreuse et foisonnante comme son parrain.

Tout a commencé, chez les Meilland, au début des années 80. Jusqu'alors, les formes anciennes étaient éliminées. Encore un trait visionnaire d'Alain qui, comme son père, voit si loin que beaucoup ont du mal à le suivre dans ses projets. Alain impose une rose, une rose dites-vous? Non, une pivoine, une pivoine de Chine! Ce ne peut être une rose avec cette multitude de pétales, au moins quatre-vingts, tout dentelés, cette énormité de fleur, toute en boule, qui s'épanouit en exhalant un parfum fruité à note rosée! Mais si, voyez cette profusion, ce feuillage presque mat, et sain, ces quelques épines… c'est bien une rose! Cette rose, Alain se risque à la présenter au concours de Genève, où elle dépare et intrigue. Mais elle séduit si follement un horloger suisse bien connu, Yves Piaget, qu'il veut lui donner son nom; c'est sa rose. Une autre rose de style ancien aurait pu connaître un sort fatal, rester quelque temps dans les champs d'essai pour être reléguée comme un souvenir moyenâgeux sans intérêt. Heureusement, un représentant allemand de la maison, venu pour apprécier en exclusivité les nouvelles variétés dont le lancement était prévu, s'arrêta ébloui et déclara : « Je la veux, mes clients aimeront, elle sent la France, elle sent la Provence ». Heureuses les mains qui l'ont créée, heureux l'œil qui nous vaut notre chère 'Pierre de Ronsard'.

Les rosiers Romantica, ces nouveaux hybrides aux formes, aux couleurs et aux parfums anciens,

Quelques gouttes de rosée, une écharpe de brume, des tons pâles et distingués et voilà un petit jardin anglais.

◄ Page ci-contre : projet d'aménagement fleuri d'un site urbain.

▲ Les Journées des plantes de Courson : de gauche à droite, Bernard Durand, Alain Meilland, Patrice Fustier et André le jardinier Meilland.

ont la qualité particulière de se parer avec beaucoup de grâce de brouillard anglais. Quelques gouttes de rosée, une écharpe de brume, des tons adoucis, pâles et distingués, et voilà un petit jardin anglais, univers minuscule de beauté. Un jardin sans plante est aussi impensable qu'un paysage sans brouillard dans les îles Britanniques. Les Anglais furent les premiers à adopter *Rosa chinensis*, à la marier. Les premiers aussi à apprécier le renouveau des formes anciennes. Avouons que leur conservatisme a du bon. C'est ainsi que les roses sont reines, après Queen Elisabeth, dans tous les jardins. C'est ainsi que l'Angleterre est un extraordinaire conservatoire de roses, les trois quarts des variétés cultivées sont anciennes, transmises précieusement au cours des siècles.

MAIS L'ANGLETERRE EST AUSSI l'un des grands pays des obtenteurs de roses. Il faut dire que les Britanniques sont les premiers collectionneurs et les premiers consommateurs de plantes au monde, et en particulier de rosiers : il s'en vend vingt millions d'exemplaires par an. Climat, savoir-faire, patience et flegme sont les ingrédients d'une telle réussite. Festivals et expositions fleurissent le pays d'avril à septembre, enthousiasmants de nouveautés et de redécouvertes. Meilland UK ne produit pas seulement des rosiers sur le sol anglais mais vend également des licences pour produire des rosiers de jardin. Les Romantica suscitent un tel engouement outre-Manche que, dès la seconde année de leur introduction sur le marché, ils sont devenus la première ligne de produits Meilland avec quatre cent mille rosiers vendus par an. Ils ont pour nom des moments heureux, qui font appel à la sentimentalité voilée, la poésie à mots couverts, du cœur anglais : 'Romantic Days', 'Romantic Dreams'… mais aussi 'Keats' (notre 'Colette') ou 'Lord Byron'. Meilland accompagne le retour aux formes anciennes d'un retour vers la nature, proposé aux enfants par le biais d'un petit lutin, venu du fond des âges, qui surgit comme alternative aux robots électroniques bien éloignés des forêts et des jardins. La vogue des Romantica gagne désormais l'Amérique du Nord dans un grand élan novateur ; les Américains leur conservent leurs noms français, comme un charme supplémentaire.

LES JARDINS ANGLAIS sont aussi un haut lieu de rosiers grimpants. Les Britanniques sont les premiers à avoir introduit ces formes vigoureuses, qui résultent presque toujours d'un sport, mutation d'une branche de buisson pour devenir liane. Ces rosiers grimpants existaient probablement aux XVIe et XVIIe siècles, des tableaux l'attestent, et il semblerait que l'heureux conservatisme anglais en ait gardé des traces. Prenez un vieux verger abandonné, clôturé par intermittence d'un mur en éboulis, empli d'herbes folles, de fleurs sauvages. Quelques pommiers et poiriers qui gardent des souvenirs d'espaliers donnent de rares fruits, exquis, à peau acide et rêche, dont les arômes évoquent je ne sais quels relents d'enfance, façonnés par la voix d'une grand-mère. Tondeuse, faucheuse, scie électrique, labours, sont une solution. Mais l'autre solution, la plus belle, la plus magique, c'est la rose. Rose du charme suranné des presbytères assoupis, des jardins de contes. Féerique est la floraison du pommier, féerique celle des rosiers. Faire grimper un rosier dans un vieux pommier est un ravissement, les branches se mêlent, les fleurs succèdent aux fleurs, les fruits répondent aux baies. L'arbre est autre, l'arbre évoque les rêves des Anciens qui par leurs greffes espéraient marier la vigne à la poire, la pomme à la grenade. Dans une ville de gratte-ciel, à défaut de verger abandonné, un immeuble moderne peut servir de support aux

◀ 'Domaine de Courson'.

« Mille roses, réfugiées au sommet des arbres, fleurissent hors d'atteinte. »
COLETTE, *Sido*

roses qui éclosent en se mirant dans les façades de verre poli. Les arceaux et les charmilles dans les allées des parcs français, à la Malmaison ou à la Tête d'Or, ne sont qu'incitations à la rêverie des promeneurs solitaires.

Les nouvelles obtentions de rosiers buissons laissent le collectionneur éperdu devant tant de choix; des dizaines d'hybrides de Thé sont commercialisées chaque année, autant de floribundas, de polyanthas… Des couleurs s'offrent à tous les regards, des parfums à tous les nez, des formes à tous les goûts : les fleurs à bouton turbiné; les plates, à étamines apparentes ; les doubles pleines; les simples descendant des églantines; les imbriquées ; les coupes, les sphères, les grandes solitaires, les petites groupées. Les nouveautés qui fascinent sont les roses bicolores comme 'Chacok' ou 'Gipsy', les roses striées lancées par les Américains Jackson et Perkins et, dernière invention des Meilland, les roses mouchetées. Connaissez-vous ces roses si belles qu'elles sont parsemées de grains de beauté ? Poudrés, parsemés, aspergés, constellés, piquetés, pommelés de poussière de rose, les pétales

◀ 'Ice Meillandécor'.

◀ Page ci-contre : 'Bingo Meillandécor'.

Le rêve de Jacques : des roses partout, dans la ville, le long des autoroutes, en talus…

deviennent palpables, leur texture sensible, leur transparence veloutée, les nervations visibles. Le gène de ce poudroiement, originaire des grandes plaines américaines où paissent les bisons, est lié à celui de la résistance au froid, un bon début pour des roses toutes nouvelles. C'est 'Domaine de Courson', du nom de ce parc qui abrite depuis 1982 la plus importante exposition de plantes de France, comparable en ampleur et en qualité aux grandes expositions anglaises comme le Chelsea Flower Show et le Hampton Court Festival. Il est juste que Courson, précurseur du renouveau de la vogue des jardins en France, soit représenté par une rose, qui est elle-même à l'ascendance d'une nouvelle lignée de roses.

Meilland cherche de nouvelles roses non seulement pour faire croître la grande famille des roses mais également pour répondre aux demandes spécifiques du goût du jour. L'homme moderne ne veut pas, ne sait pas prendre du temps pour entretenir ses roses, et n'a pas le goût d'apprendre, à la différence du petit prince : « C'est le temps que tu as perdu pour ta rose qui fait ta rose si importante »… « je suis responsable de ma rose… répéta

► 'Cherry Meillandécor'.

► Page de droite : 'Magic Meillandécor', qui supporte même la tondeuse.

▼ 'Swany'.

le petit prince afin de se souvenir. » Mais le petit prince vit sur une autre planète. Le client d'aujourd'hui veut un rosier sain, jamais malade, sans sauvageons, qui ne nécessite ni taille ni entretien.

Et la recherche s'applique à privilégier ces critères, à obtenir une bonne base avant de choisir la forme, avant que ne soit primé l'esthétisme, enjeu jusqu'à présent prééminent. C'est toute la mentalité du chercheur qui a évolué en interaction avec les changements du marché. Les statistiques des ventes de rosiers enregistraient une baisse des achats de rosiers de la part des communes et des collectivités car les coûts d'entretien étaient élevés. Alors Meilland, le premier, propose une nouvelle ligne de produits adaptés aux grands espaces et aux réalisations paysagères, avec pour atout un entretien pratiquement nul. C'est l'événement Meillandécor, une ligne de rosiers maintenant indéracinable qui a prouvé ses qualités, appelée Meidiland dans les pays où l'anglais est le véhicule de la communication. L'idée qui a sous-tendu cette recherche était de réduire l'entretien, de supprimer la taille ou du moins la mécaniser, et d'obtenir des rosiers si sains qu'ils ne nécessitent aucun soin. Pour cela, et pour relever le défi de créer une plante ligneuse à floraison estivale appartenant au genre *Rosa*, défi que lui avait lancé il y a vingt ans l'ami et associé de la famille Richard J. Hutton, Jacques Mouchotte a pensé puiser dans le patrimoine génétique de variétés anciennes. C'était l'époque où régnaient les hybrides de Thé et les floribundas. Il a alors sélectionné des gènes qui ont traversé les aléas du temps pour les concentrer et arriver à des niveaux de résistance au gel et aux maladies encore jamais vus dans le monde des roses. Son idée était aussi de développer des rosiers sur leurs propres racines pour éviter les rejets qui partent habituellement du porte-greffe,

très gênants dans les grandes plantations de masse, puisqu'ils risquent de prendre le dessus sur la plante greffée. Auparavant, la sélection était faite à partir d'une plante greffée, il n'était donc tenu aucun compte du système racinaire, au départ propre au sujet greffé. Sélectionner un système racinaire capable de supporter des températures et des conditions de culture très diverses est une garantie de rusticité. Un rosier cultivé sur ses propres racines a une durée de vie supérieure à celle des plants greffés, seize ans contre dix en moyenne. Jacques, qui surveille « ses enfants » et les voit grandir, ne prend d'autre soin de ses « chouchous » que son regard attentif pour arriver à l'entretien « zéro » de 'Magic Meillandécor', qui supporte même la tondeuse ! 'Magic Meillandécor' anime les haies de ses fleurs d'un rose fuchsia contrastant joliment avec les étamines jaunes et parfume les souvenirs du promeneur attendri. Le

Les techniques de greffage

Les roses étaient multipliées par boutures jusqu'à ce qu'un homme, Dubois à la Malmaison ou Guillot à Lyon – l'antériorité de l'idée reste obscure comme nombre de ces rosiéristes géniaux dont les travaux nous réjouissent toujours –, applique la technique de la greffe, employée pour les arbres fruitiers, au genre *Rosa.*

C'est le greffage en écusson, appelé aussi écussonnage, qui est largement employé pour multiplier les rosiers de jardin. Pour obtenir un nouveau rosier grâce à la greffe, dix-huit mois sont nécessaires.

Le bourgeon du sujet à greffer, de celui qu'on cherche à multiplier, est ôté d'un coup tranchant du greffoir, manié d'une main sûre. Il est ensuite débarrassé de son liber, sa chair en quelque sorte, puis greffé, à l'aide d'un greffoir, sous l'écorce incisée du porte-greffe. Le petit morceau de matière végétale inséré sous l'écorce du porte-greffe ressemble à un petit écusson du Moyen Âge, d'où le nom de cette technique de greffage. La greffe est maintenue en place. Cette opération a lieu en début d'été. Puis en janvier de l'année suivante, la partie sauvage du porte-greffe est coupée. L'été qui suit permet de former la structure du nouveau rosier greffé.

En Europe, le porte-greffe employé est un porte-greffe issu de semis ; aux Amériques ou en Australie, où le climat est clément, sont utilisés des porte-greffe issus de boutures, moins chers que ceux issus de semis.

Le porte-greffe du genre *Rosa multiflora,* au système racinaire très développé et très souple, convient aux sols sableux, légèrement acides, d'où son utilisation pour la culture de rosiers en pots. C'est un porte-greffe qui fait de magnifiques plantes, fréquemment employé dans l'ouest de la France.

En revanche, le traditionnel *Rosa canina,* qui supporte des plants moins volumineux mais plus résistants, est adapté aux sols calcaires. Son système racinaire se développe en profondeur – c'est pourquoi il résiste mieux à la sécheresse. Polyvalent, il est utilisé pour les rosiers qui seront vendus à racines nues, préemballés.

Les porte-greffe de type *laxa, froebelii* ou *inermis* sont aussi utilisés, tout dépend des lieux où les rosiers seront plantés.

Pour le forçage hivernal de roses à couper produites sous serre chauffée, *Rosa indica* est le porte-greffe le plus indiqué.

▲ 'Turbo Rugostar'.
► Page de droite : 'Ice Meillandécor'.

rêve de Jacques : des roses partout, dans la ville, le long des autoroutes, en talus… Ces roses peuvent concurrencer d'autres familles de plantes sur leur terrain habituel, afin de renouveler et la conception de la rose et surtout son utilisation, souvent confinée, ravissamment d'ailleurs, à un jardin clos.

Trois variétés de roses ont conforté Jacques et toute l'équipe dans leurs idées et leurs travaux sur la lignée Meillandécor à la fin des années 70 : 'La Sevillana', 'Swany' et 'Bonica 82'. 'La Sevillana' tient son nom de sa couleur des contrées chaudes, qu'elle évoque et dont elle possède tout le charme de braise. C'est une variété à magnifiques fleurs rouge flamboyant, conçue pour supporter l'éclat des soleils andalous, les étés torrides, les rares filets de pluie, et pour être plantée en alignements fleuris. Objectif rempli. L'équivalent pour le nord de l'Europe, à fleurs rose pâle, s'appelle 'Bonica 82'. C'est un rosier qui a une exceptionnelle résistance au froid, révélée lors des hivers trentenaires de 1984-85, d'où elle est sortie sans dommages. 'Swany', qui n'a de délicat que le nom, est un vigoureux couvre-sol, à port étalé, à faible densité de plantation, qui lui permettent de recouvrir de grands espaces, notamment d'inesthétiques talus.

Les rosiers Meillandécor sont les rosiers de l'avenir, qui intéressent les architectes, les jeunes paysagistes et tout amateur désireux d'avoir des roses en multitude pour en profiter sans s'en occuper. Ces rosiers sans entretien se retrouvent à orner les autoroutes de Californie, à peupler les espaces verts de la ville de Paris comme ceux des villes anglaises. En Angleterre, les vedettes sont 'Carefree Delight', dont le nom résume avec bonheur toute la lignée, et 'Royal Bonica,' aux couleurs pâles qui se marient avec la lumière irisée et tamisée des saisons anglaises ; 'La Sevillana' possède un caractère exotique, une tonalité trop contrastée pour les paysages anglais.

De nouveaux emplois pour le rosier avec Meillandécor

Où planter un Meillandécor ? Partout !

• En haie fleurie

Le Meillandécor à port dressé, à végétation dense, s'emploie en haie, pour clôturer des parcs ou border des routes. La haie protectrice, épineuse, fleurie de bas en haut, atteint en trois ans une hauteur souhaitable. Paravent de roses, les Meillandécor peuvent agrémenter les infrastructures autoroutières, échangeurs, aires de repos, parkings. Troquer l'odeur de l'essence contre celle des roses… Il s'intègre bien dans le paysage urbain, le long des résidences et des lieux publics. Si l'on aime s'isoler de ses voisins, la haie de Meillandécor devient infranchissable.

• En couvre-sol

Les rosiers à tendance rampante sont utilisés en plantation massive pour couvrir de grands espaces, pour limiter l'érosion des talus et agrémenter de leur masse colorée des terrains peu faciles d'abord. En deux ans, le terrain choisi sera couvert, si l'on respecte les densités – faibles – de plantation recommandées.

Parfaits pour créer une rupture dans de grands espaces plantés de pelouse, ils viennent concurrencer les couvre-sol traditionnels tels que *Cotoneaster* et *Hypericum.* Leurs racines ne sont pas envahissantes et ne causent pas de dégâts aux matériaux urbains, pavés ou équipements publics. Ils sont particulièrement bien adaptés aux ronds-points, difficiles à entretenir du fait de leur situation.

• Dans un jardin

Bonheur des jardiniers, les rosiers Meillandécor s'utilisent en massif coloré, en arrière-plan des plantes basses, pour un mur de fleurs ou bien en arbuste isolé sur une pelouse.

Dans les petits jardins, un seul, grâce à son volume net, suffit pour enchanter.

On peut aussi laisser libre de courir une forme à tendance rampante, pour la mêler à des herbacées qui composeront un jardin de style anglais. Ou bien encore palisser le rosier sur un mur ou le lier afin de lui donner l'aspect arqué d'une cascade.

◄ 'Douceur Normande'.

L'entretien est-il réellement nul ? Qu'en est-il de l'irrigation, de la taille et des mauvaises herbes tout en satisfaisant les exigences du jardinier moderne ? Ce dernier souhaite planter le moins de plants possible pour couvrir le maximum d'espace, des plants qui vivent sur leurs propres racines, au développement rapide, qui ne nécessitent pas de taille manuelle ; il cherche également à réduire la lutte contre les ravageurs et les maladies ; il voudrait encore que les rosiers soient décoratifs toute l'année et qu'ils soient compatibles avec d'autres plantes de paysage, en particulier le lierre. La plante idéale en somme. L'abondance de la floraison et la vigueur du plant sont directement liées à la quantité d'eau. Pour avoir un Meillandécor continuellement fleuri, un arrosage régulier est souhaitable – 'Douceur normande' est un bonheur perpétuel à cet égard. Plus il y a d'eau, plus il y a de fleurs. Mais le Meillandécor peut tout supporter. Après les deux premières années de plantation où l'irrigation aura été contrôlée et régulière, le Meillandécor peut subir de longues périodes de sécheresse totale ; il peut tenir jusqu'à dix semaines sans eau, en se mettant dans un état de « dormance » estivale, allant même jusqu'à perdre ses feuilles, pour revivre dès les premières pluies. Sa floraison suit en effet les courbes des précipitations. Un mois après les pluies, le Meillandécor est en fleur. Jacques Mouchotte rappelle que dans cette euphorie d'avoir des plants dont la maintenance est quasi nulle, il ne faut absolument pas négliger les règles fondamentales de plantation. Le sol doit être bien préparé, recevoir un apport de fertilisants avant la plantation et être copieusement arrosé après. La clef du succès, nous dit-il, pour les plants à racines nues est le buttage complet, qui consiste à recouvrir le plant de terre après que l'eau a été drainée. Quant à la taille, elle n'est nécessaire que si le Meillandécor a pris trop d'ampleur, après quatre étés environ en Europe, et consiste en une taille de rajeunissement qui peut être opérée mécaniquement.

Meillandécor : le mot décor évoque deux aspects de ces rosiers, leur allure décorative tout au long des saisons et leur emploi paysager, soutenu par leurs propres racines. Toute la gamme colorée est proposée, le blanc perlé des rosettes doubles de 'Perle Meillandécor', le rose pimpant des fleurs d'églantine de 'Douceur normande', jusqu'au rose fuchsia de 'Turbo rugostar'. De la gaieté, c'est 'Cherry Meillandécor', rouge cerise comme son nom l'indique, à cœur blanc bien dessiné. Après les fleurs, ravissantes, généralement petites et groupées, parfois parfumées, sont les fruits, des baies aux couleurs éclatantes, en multitude puisqu'aucune taille – sauf dans le cas des haies, taillées pour être formées – n'est venue éliminer les fleurs fanées. Ces fruits très décoratifs sont aussi une excellente nourriture pour les oiseaux qui viendront vous réjouir de leurs piaillements. Avec l'hiver, admirons la structure et le port de ces rosiers, quand vient le printemps leur feuillage vert pâle évoluant vers le vert sombre, parfois vernissé. Le Meillandécor renoue avec le

Contempler des roses, c'est rythmer ses jours de poésies.

« À elle seule elle est plus importante que vous toutes, puisque c'est elle que j'ai arrosée. Puisque c'est elle que j'ai mise sous globe. Puisque c'est elle que j'ai abritée par le paravent. Puisque c'est elle dont j'ai tué les chenilles (sauf les deux ou trois pour les papillons). Puisque c'est elle que j'ai écoutée se plaindre, ou même quelquefois se taire. Puisque c'est ma rose. »

ANTOINE DE SAINT-EXUPÉRY, *Le Petit Prince*

◄ 'Symphonie n°1'.

► 'Carinita'.

► Page ci-contre : 'Bridal Concertino'.

Meillandina, Concertino, Symphonie, Minuetto, autant de noms pour autant de plaisirs apportés par des petits rosiers vendus en potées fleuries. Bouquet pour soi ou pour autrui, pour la maison, pour la cour ou le balcon, pour le jardin, en jardinière à l'angle d'une balustrade, en rocaille pour la couleur, en topiaire : taillée… et fleurie !

rosier d'hier pour être le rosier de demain : il rejoint la tendance d'un retour aux valeurs traditionnelles grâce à la forme simple de ses corolles, la liberté de son développement et la simplicité de son entretien qui ne fait pas appel aux traitements chimiques. Il sera le rosier de l'avenir grâce à sa facilité de culture, sa résistance au gel et aux maladies, qui accompagnent une longue floribondité. Peu de soins, peu de temps passé pour une floraison longue et abondante est ce qui en fera le rosier du prochain millénaire.

Créateur d'un concept nouveau, le rosier de paysage, Meilland a élargi l'utilisation du rosier. Les Meillandécor sont cultivés sur leurs propres racines tandis que les rosiers paysagers, 'Denise Grey' avec ses petites fleurs aux variations de rose pâle ou 'Concerto' avec ses fleurs à teintes crème et abricot, toute douceur et toute poésie, sont greffés. La rose multiplie les facettes de sa personnalité et lorsque l'on parle de la rose, l'on ne peut plus évoquer une image statique et codifiée mais une variété infinie et surprenante. Une rose, des roses et partout. La rose dans le jardin traditionnel, la rose dans le paysage, mais qu'en est-il des amoureux des roses qui ont, pour tout terrain, une courette, un balcon ? Les rosiers se portent bien sur les balcons si on les pourvoit d'un pot de 50 cm de profondeur, dont régulièrement on arrose et nourrit la terre, car les racines ne peuvent pas aller chercher loin leur subsistance.

CEPENDANT, MEILLAND PENSE à tout et fait naître la rose en potée fleurie, la rose de *patio,* Meillandina. Il est encore le premier à introduire cette nouvelle conception de la rose adaptée à l'espace de plus en plus réduit des jardins privatifs, à l'envie d'acheter un bouquet qui dure, pour la maison, et que l'on peut ensuite conserver ou placer sur son balcon, en orner sa cour, son *patio.* L'idée vient de Raymond Richardier qui demanda à sa belle-mère, Marie-Louise Meilland, de créer un petit rosier pour *patio,* qui serait vendu en potée fleurie. Comme elle aimait beaucoup son gendre, Marie-Louise se mit au travail pour lui, récoltant avec minutie les grains de pollen avec une épingle pour plus de précision pour les déposer sur les petits pistils de fleurs de taille réduite. Camille, un modèle de patience, capable d'extraire un à un les sacs polliniques imbriqués dans les pétales, l'aidait dans cette tâche et continue son travail auprès de Michèle. La tendance est aux plantes naines, au petit rosier à offrir ; un petit rosier pour soi, tout fleuri, tout parfumé, séduit d'emblée sur les étals des fleuristes. Le mini-rosier existe depuis longtemps, de façon traditionnelle pour le jardin, avec des nouveautés chaque année. Ce sont des plantes basses et compactes, très florifères, éclatantes de gaieté avec leurs orangés, comme celui de 'Orange

Le bouturage du rosier

Le bouturage est le moyen le plus rapide de reproduire végétativement un rosier. Il est employé actuellement pour les rosiers qui ont un système racinaire résistant, comme les Meillandécor, pour les rosiers destinés à être vendus en potées fleuries.
Le bouturage consiste à prélever un rameau de la plante à multiplier et à le repiquer dans un substrat adéquat pour qu'il induise des racines. Il peut se faire selon deux principes à deux époques différentes :
– en septembre sont récoltés des rameaux de bois dur bien aoûtés, de 25 cm de long. Ces rameaux sont repiqués en octobre ; les pluies surviennent quand le sol encore chaud permet que de nouvelles racines apparaissent, l'été passe et une nouvelle plante fleurit ;
– en juillet sont récoltés des rameaux de bois tendre, bien verts, presque herbacés, sous « mist » ou brouillard, pour être repiqués en septembre, et obtenir de beaux plants à la fin de l'année suivante.
Le bouturage peut aussi se faire toute l'année sous le climat contrôlé de la serre, pour les rosiers destinés à rester sous serre pour produire des fleurs à couper.
Le substrat d'enracinement des boutures doit être très aéré, minéral comme le sable, la perlite, la vermiculite ou organique très léger comme le mélange tourbe-perlite ou tourbe-pouzzolane fine. Une fois les racines développées, la jeune plante peut être transférée dans différents milieux de culture.
Le bouturage est une forme de reproduction professionnelle économique, puisqu'il nécessite peu de place et que les opérations sont moins importantes que pour un greffage. La bouture est enracinée au bout de six semaines. Mais rappelons que la plante issue de bouture, élevée en pot, est plus sensible au gel et aux contrastes thermiques qu'une plante qui a subi les cycles saisonniers en milieu naturel.

Symphonie', leurs rouges, leurs jaunes et leurs roses. Elles se déclinent toutes sous les vocables de Meillandina, Symphonie, Minuetto ou Concertino suivant leurs caractéristiques qui les désignent comme de très petits rosiers de jardin. La nouveauté du concept Meillandina réside dans l'offre d'un petit rosier fleuri en pot, toute l'année. La première potée fleurie, celle qui a tracé la voie pour toutes les autres, est née au début des années 80, c'est 'Orange Meillandina'. Cette ligne de pots miniatures est aujourd'hui évaluée à trente-cinq millions de pots vendus en Europe par an, toutes maisons confondues. Le genre *Rosa* vient ainsi concurrencer les pots de chrysanthèmes et les saintpaulias, qui étaient les seules plantes alors vendues en pots fleuris. Le Meillandina donne, par sa petite taille, au premier coup d'œil, une image complète de la plante, de son port, de ses fleurs. Il répond aux envies d'immédiateté du client, et là encore pas de tâches à accomplir, pas de plantation ni de bouquet à faire, il suffit juste de l'admirer… et de l'arroser. Le Meillandina est cultivé en serre afin d'être toute l'année sur les marchés.

MEILLANDINA, C'EST AUSSI un petit rosier prêt à planter, aux côtés des rosiers de jardin proposés en pots. On plante une image, comme 'Lucie's Dream' la bien nommée, qui cadre avec son envie de jardin parfait dès la première année. Les saisons sont gommées, des fleurs toute l'année, voilà ce qui est demandé par une clientèle d'amateurs. C'est ainsi que sont cultivés, puis vendus, en containers, des rosiers dont la saison de vente s'étale, grâce à la culture en pot, sur des mois et que l'on plante quand on veut, oubliant allègrement l'adage qui rappelle qu'aux environs de la Sainte-Catherine, tout bois prend racine. Mais n'oublions pas, en revanche, que ces rosiers, quels que soient leur taille ou leur mode de présentation, nécessitent les soins habituels exigés par la culture de tout rosier en pot.

Quel est l'avenir de la recherche des roses pour jardin ? Selon Raymond Richardier, les résultats obtenus avec les Meillandécor, leur résistance exceptionnelle au gel et aux maladies, de pair avec une absence de sauvageons due à la culture sur leurs propres racines, l'entretien réduit au minimum, pourront s'appliquer aux rosiers de jardin, à développement plus réduit. À leur tour, ils seront sélectionnés puis cultivés sur leurs racines propres et donc multipliés par boutures, processus plus rapide que la greffe. Les bénéfices d'une recherche lancée par la demande de professionnels du monde du jardin et des espaces verts, et soutenue par l'ambiance écologique qui règne en cette fin de siècle, vont s'appliquer à créer le rosier de demain, qui supportera tous les manques de soins et qui résistera à toutes les intempéries. Les jardiniers amateurs ont d'ailleurs bien vite compris l'intérêt du rosier Meillandécor, prévu initialement pour le paysagisme urbain. C'est un rosier, paré de toutes les qualités modernes, en particulier du don de refloraison, qui renoue avec le rosier ancien par la forme de ses fleurs, les petites en « pompon » ou bien celles, toutes simples, avec une seule rangée de pétales comme les fleurs d'églantine, comme le joli 'Bingo Meillandécor'. Il s'adapte à tous nos soins, comme à nos oublis, et fait notre bonheur toute l'année, même dans un petit jardin. Il peut être taillé si l'on veut, ou bien laissé libre de se développer à son gré. Surtout oubliez-le en fin d'été, pour que les fleurs se transforment en fruits, si jolis à l'automne et pendant l'hiver.

◄ Page ci-contre : 'Cumba Meillandina'.

► 'Clémentine Meillandina'.

Les conseils d'André, le jardinier Meilland

• Arroser et nourrir
Les rosiers ont besoin d'eau et d'engrais pendant leur période de végétation, le temps de leur floraison. Presque toutes les variétés de rosiers sont remontantes, c'est-à-dire qu'elles refleurissent plusieurs fois ; il convient donc de les nourrir de mai aux gelées.
Eau : arroser au pied du rosier, toutes les semaines légèrement quand la terre est légère, toutes des deux semaines abondamment quand la terre est lourde.
Engrais : des engrais minéraux et organiques, enrichis en azote sont souhaitables après chaque floraison.

• Biner et désherber
Pour aérer le sol, enfouir les engrais et éliminer les mauvaises herbes qui appauvrissent la terre et gênent les racines.

• Supprimer les sauvageons ou drageons
Le sauvageon est une repousse indisciplinée du porte-greffe, qui part du collet ou point de greffe, ou bien des racines, ou bien encore de la tige d'un rosier tige. Ces sauvageons risquent, s'ils ne sont pas éliminés, de prendre le pas sur la variété greffée. Un sauvageon n'est pas un gourmand. Le gourmand est une pousse très vigoureuse du rosier qui contribue à son rajeunissement ; il convient de la pincer à environ 30 cm pour lui permettre de se ramifier.

• Et les fleurs fanées ?
Les fleurs, une fois leur épanouissement accompli, se fanent.
Pour avoir une seconde remontée de fleurs, elles sont à couper avec une ou deux feuilles en partant du haut de la tige.
En revanche, pour avoir une belle fructification, elles sont à conserver, même fanées, pour permettre la transformation de la fleur en fruit.

• Traiter contre les maladies et les parasites
Il convient de traiter très tôt au printemps avant l'apparition des fleurs et régulièrement pendant l'été, surtout s'il est humide. Mais rappelons que les rosiers modernes, les rosiers Meilland, sont très résistants et très rarement atteints.

• Tailler
Tailler permet de charpenter le rosier de façon harmonieuse, en évitant le dégarnissement inesthétique de la base, afin de favoriser la répartition des fleurs.
Enlever le bois mort, les rameaux trop chétifs ou mal placés. Supprimer de deux tiers à trois quarts de la longueur des branches en conservant deux ou trois bourgeons sur les rameaux faibles et cinq ou six sur les plus vigoureux.
Pour les rosiers grimpants, supprimer le bois mort ou trop vieux et palisser les branches en rafraîchissant les extrémités, en retirant les toutes petites pousses latérales.
Les rosiers pleureurs ne doivent pas être taillés pour s'arquer en cascade.

Pour les Meillandina, nettoyer les extrémités florales et les brindilles. La taille de ces rosiers miniatures peut se faire à la cisaille.
Les Meillandécor, quant à eux, ne doivent pas être taillés. Ils ont été conçus pour ne pas être entretenus et pour se développer librement. Après cinq ou six ans, pour rajeunir un pied, couper en fin d'hiver toutes les branches indifféremment à 30 cm du sol. Pour obtenir une haie avec des rosiers paysagers, tailler horizontalement à mi-hauteur les deux premières années en fin d'hiver. Les années suivantes, l'on peut tailler de la même façon ou bien ne pas tailler du tout.

► Page ci-contre : 'Pinky Rugostar'.

◄ 'Parfum Meillandina'.

Planter un rosier avec André, le jardinier Meilland

Pour bien planter un rosier, novembre et décembre sont les mois les plus adéquats, mais on peut planter de la mi-octobre à la mi-mai ; février est conseillé en altitude ou pour les sols lourds. Le lieu : ensoleillé et aéré, une exposition sud-est ou sud-ouest.

1. Il convient de préparer la terre et le trou de plantation quelques jours auparavant en creusant sur 50 cm² environ, moins pour les miniatures. Enlever cailloux, racines, mauvaises herbes. Apporter des engrais minéraux et organiques à enfouir en bêchant. Attention : les racines ne devront pas être en contact avec les engrais organiques qui les brûleraient.

2. Rafraîchir l'extrémité des racines et des branches pour ne laisser que 10 à 20 cm de branches environ. Plus la plantation se fait tard dans la saison, plus les branches doivent être taillées courtes.

3. Enterrer la base des rameaux de quelques centimètres en dessous du niveau du sol.

4. Combler le trou de terre fine jusqu'au niveau du sol puis la tasser fortement avec les pieds.

5. Arroser abondamment.

6. Quand le sol est ressuyé, faire un buttage de protection en recouvrant le rosier d'une butte de terre. Ce buttage doit être conservé jusqu'au printemps (et au moins quatre semaines en cas de plantations tardives). C'est la clé du succès ! La floraison survient dès la première année, sauf pour les grimpants qui ont besoin d'un an ou deux pour structurer leur charpente.

▼ La plantation du rosier :
- habiller le rosier en coupant l'extrémité des racines et les branches à 10 ou 20 cm ;
- praliner les racines ;
- planter et arroser abondamment.

« Viens, j'ai des fruits d'or, j'ai des roses,
J'en remplirai tes petits bras
Je te dirai de douces choses,
Et peut-être tu souriras. »
VICTOR HUGO, *Les Voix intérieures*

◂ *'Victor Hugo'*

Un grand nom pour une grande rose : trente-cinq pétales d'un rouge groseille éclatant, qu'agrémente un parfum puissant et captivant. Floraison de très longue durée sur un rosier solide, vigoureux, d'une grande résistance. Il vivra aussi longtemps qu'un chêne dans votre jardin. Feuillage mi-mat très fourni. Hauteur : 100/110 cm.

Roses en bouquets

« Trois roses jaunes dans une grande botte
de roses noires,
c'est un lever de soleil, un reflet d'aurore. »
HENRY MOULIÉ

'Baccara' ! Les jeux sont faits ! Francesco Paolino, dit Pépette, et Antoine Meilland, dit Papa Meilland, ont gagné. La rose idéale, à laquelle chacun rêvait, est née. Pourtant leurs objectifs sont différents : Papa Meilland aime avoir un bouquet dans son jardin, sur tige, dans un massif qui l'enchante des semaines durant ; Pépette, quant à lui, veut une rose longue, sans épines, qui dure longtemps, longtemps dans un bouquet, pour enchanter la maison. Et 'Baccara' les satisfait tous les deux, splendide au jardin, heureuse dans un vase. Ils l'ont baptisée du nom d'un jeu de cartes où l'on dit « baccara » lorsque le total des points des cartes des deux joueurs ou « pontes » équivaut à celui de leur adversaire appelé le « banquier ». Si cette rose leur plut à tous deux, ils n'en furent que les deux premiers admirateurs : elle plaît encore aujourd'hui à tous les fleuristes du monde. 'Baccara' est devenue le synonyme absolu de la rose rouge de fleuriste. Oui, elle est rouge, d'un rouge éclatant, du rouge de l'amour, qui rime avec toujours. Elle est d'ailleurs si belle… qu'elle est sans cesse contrefaite. 'Baccara' est plus encore que tout cela, c'est la première rose à avoir été cherchée, obtenue, sélectionnée pour l'usage spécifique d'être coupée afin d'être mise dans un vase.

'Monique'

Depuis qu'une corolle s'ouvrit au jardin d'Éden, cette fleur rose vif à fond rose saumoné, satinée de blanc nacré sur les ourlets, devait exister dans les desseins de la Providence.
Un sortilège s'opposa sans doute à sa naissance, car ce coloris si exquisément nuancé était prédestiné à ces vingt-cinq pétales gracieusement ondulés, car ce long pédoncule appelait, de ce bouton, la forme impeccable et une telle élégance demandait le complément de ce parfum. Vigoureux arbuste érigé, à refloraison généreuse, il semble que 'Monique' demandait à vivre et que nous l'attendions depuis toujours.
Heureusement dotée par son obtenteur d'une marraine qui la place sous le signe de la distinction, pareille à la mélodie limpide dont les notes paraissent s'être assemblées d'elles-mêmes sous l'empire d'une inéluctable vocation, 'Monique' réalise un vœu secret de la Nature.

Extrait du catalogue des Établissements Meilland-Richardier de 1950

C'est la première rose destinée aux bouquets. Cela nous semble si naturel, des roses chez un fleuriste. C'est même la fleur par excellence que chacun est sûr de trouver à l'étalage toute l'année. Pourtant, 'Baccara' n'est née qu'en 1954, la jeune fille ! Elle est le résultat de l'idée fixe d'un homme, Francesco Paolino, fils de Calabrais immigrés en France, qui d'artisan bottier est devenu horticulteur, car ses rêves n'ont toujours été que de roses, et encore de roses. C'est lui qui, pour mettre en pratique ses idées, acheta des hectares de maquis sauvage, au cap d'Antibes. Au début du siècle, le cap d'Antibes était en effet couvert de garrigue, les alentours de Grasse couverts de fleurs. Il défricha la terre, y planta des fleurs à vendre sur les marchés, qu'il proposa à ses clientes en fait de bottes et de chaussures fines. Et, bien sûr, il cultivait des roses, et encore des roses. Il rêvait de vendre des bottes de roses. Il ne faut pas oublier qu'à cette époque-là la rose n'était que pour le jardin, et les amateurs s'essayaient à trouver de nouvelles variétés pour le jardin. Lui, pendant ce temps, hybridait pour obtenir une rose sans épine, une rose à tige longue, une rose qui résiste aux chaleurs du Midi.

C'est ainsi que sont nées, timidement, 'Provence' en 1945, orange, teintée de cuivre et de rose, puis 'Monique' en 1949, du nom de Monique Paolino, la cousine d'Alain et de Michèle, au doux coloris rose saumon, une rose double, très parfumée, à longue tige vigoureuse. 'Baccara' naîtra dans les serres d'Antibes, les nouvelles serres chauffées, construites à grands frais pour permettre de développer des roses toute l'année. 'Baccara' est l'enfant de 'Rouge Meilland' et de 'Independance' ; ses fleurs sont rouge éclatant, doubles, contrastant sur un feuillage vert foncé, coriace et brillant. Et surtout, elle n'a presque pas d'épines, un des grands souhaits de Pépette, qui pense aux mains délicates qui vont prendre sa rose à pleine main.

'Baccara' fut donc la première grande rose rouge de fleuriste. À ses côtés prend place aujourd'hui l'autre rose rouge de fleuriste, 'Grand Gala'. Mais si 'Baccara' a ouvert la voie, première grande dame pour grandes dames, désormais, chez le fleuriste, on ne sait plus quelle rose choisir, tant sont diverses les couleurs, tant les formes et les tailles varient : des longues vendues à l'unité, des petites vendues par bottes de quarante, des fleurs turbinées, hautes et droites, des petites fleurs groupées ou « sprays », les Mimi, des petits rosiers de *patio*, en pots. Quel dommage que les fleuristes n'étiquettent pas les noms des roses coupées. Ne souhaiterions-nous pas pouvoir demander, selon l'humeur gaie ou pensive, selon l'amitié ou l'amour, 'Feria' ou 'Confidence',

► 'Terracotta'.

« Une bougie sur des roses blanches, il n'y a rien de plus beau. »
HENRY MOULIÉ

Des roses dans la maison

Roses tissées, roses brodées ou peintes, les roses parsèment nappes de Jacquard, services de porcelaine et cotons peignés pour donner à nos gestes quotidiens une douceur de pétales, des réminiscences de juin, un charme de roseraie. Toute passionnée de roses, la styliste Claudine Martin a voulu les faire vivre pour Meilland sur les objets qui nous entourent, pour que nos immuables habitudes soient tissées de roses tout au long de nos jours.

▲ Essai de tenue en vase.

'Séduction' ou 'Élégance', 'Pretty Woman' ou 'Preference' ; ou bien décliner une couleur, 'Sorbet' ou 'Terracotta', un prénom, 'Claudia' ou 'Cindy' ?

BOUQUET RÉSONNE comme un mot magique qui a le pouvoir de faire naître un sourire dans le regard, une douceur dans les gestes, un apaisement joyeux qui ressemblerait à celui que procurent des pas sur une plage, une promenade dans une charmille. Bouquet est d'ailleurs né d'un mot charmant, parfumé de romances historiques, de vers déclamés, de confidences chuchotées, c'est le bosquet. Bosquet pour la maison, à son échelle, tableau de bonheur, un pétale sur l'acajou verni, un rai de soleil qui filtre du jardin dans la pénombre de la salle où une mouche bourdonne. Un bouquet est un pot vernissé des campagnes ensoleillées, quelques branches d'olivier mêlant leur vert grisé aux tiges longues et raides, une timbale d'argent dont les reflets réfléchissent la rose pivoine aux innombrables pétales, un parfum suave qui vous accueille à votre retour et ordonne l'arrêt, une respiration plus profonde, quelques instants de calme dans la course trépidante de l'existence. Le bosquet devenu bouquet de fleurs a naturellement écarté les fleurs quand elles sont devenues redondantes au XVIe siècle, car un bouquet n'évoque que des fleurs, bouquet suffit, les fleurs y sont brodées, bouquet sera le vase rempli de mots fleuris. De bouquet naît bouquetier, un mot presque vilain, qui évoque davantage le bouquetin que notre charmant bouquet. Mais c'est qu'il s'est travesti au masculin ! Est-ce qu'une rose s'imagine au masculin ? Au féminin, notre mot redevient porte-plume du bonheur. Avec la bouquetière surgissent les images de jeunes filles à grandes capelines de paille, vendant dans des paniers d'osier de petits bouquets de violettes de Parme, d'œillets mignardise, d'anémones à cœur noir. Mais alors, qu'en est-il du bouquetier ? Un vieux *Larousse* nous apprendra que c'est simplement un porte-bouquet. Bien triste hommage à nos si jolies roses ! Bouquetier comme porte-bouquet semblent bien ternes pour s'associer à la splendeur du bouquet. C'est ainsi que progressivement apparaîtra le vase de fleurs, qui lui aussi perdra rapidement ses fleurs, tant il en contient d'évidence, pour devenir simplement le vase.

LES FLEURS, CRÉATIONS HÉRITÉES du jardin d'Éden, étaient cueillies dans le passé pour être déposées au pied des autels dédiés à la Sainte Vierge. Blanches pour la pureté, rouges du sang versé par le Christ, roses de l'espérance dans la peine. Les églises embaumaient, les pétales jonchaient le sol aux grandes cérémonies, les parfumeurs tâchaient d'en extraire tous les arômes. Quand l'art sous toutes ses formes, pictural ou musical, glissa de l'église vers la maison, du sacré vers le profane, les fleurs, chef-d'œuvre vivant, prirent le même chemin et se retrouvèrent disposées dans des paniers, des coupes de porcelaine fine. L'arrangement floral n'était pas encore né. Un peu de jardin dans la maison, un peu de soleil dans l'eau froide, une touchante maladresse rachetée par la grâce de la fleur. Que dis-je de la fleur ! de la rose, bien sûr, reine des fleurs depuis toujours et pour toujours. Le lys, quant à lui, était si chargé de symboles, majestueux comme marial, que nul n'osa l'introduire dans son intimité domestique. En France, la mode des bouquets est lancée par la marquise de Rambouillet, sous le règne de Louis XIII. Il est dit qu'Anne d'Autriche, elle, ne supportait ni la vue, ni l'odeur d'une rose.

C'EST AUX PAYS-BAS, le pays des tulipes, bien sûr, mais aussi le pays des fleurs coupées, que naquit, à l'orée du XVIIe siècle, l'idée d'offrir des bouquets de fleurs coupées. Des roses sont ainsi données en cadeau ou bien déposées sur une tombe. Une rose toute palpitante de la vie de son jardin, tout juste coupée, jetée dans le caveau de l'être aimé, de l'aïeule unique, chérie, pour dire « à Dieu », larme d'amour, dernier baiser. Toute la beauté du monde résumée en quelques pétales pour effacer la souffrance et dire l'espérance. Le chrysanthème, d'aspect si baroque, prendra bien vite le pas sur la rose pour orner les cimetières, tant et si bien qu'il est devenu l'emblème funéraire par excellence. Mais la rose reste la fleur des grandes séparations, comme un souvenir pieux et nostalgique des leçons de douleur de nos chers romantiques.

Le bouquet de roses n'était que d'été. Quelques fleurs coupées dans son jardin, au petit matin, mises à rafraîchir dans de grands seaux d'eau claire dans la pénombre, étaient ensuite disposées dans la maison en bouquets de hasard, multicolores, mêlant les fragrances musquées aux arômes fruités. Avec la naissance du rosier destiné à produire des fleurs à couper, prévu pour être cultivé en serre et donner des fleurs quatre à six fois par an, pour une rose des quatre-saisons, se répand l'idée de la rose à offrir. En Angleterre, cependant, le bouquet reste très personnel, tradition de jardinier : on le cueille dans son jardin, pour soi, le ven-

Bouquet résonne comme un mot magique, parfumé de romances historiques.

▼ 'Pretty Woman'.

dredi pour le week-end, on réservera pour les amis des douceurs, *fudges* ou chocolats, une bouteille de vin... le bouquet y est un plaisir égoïste. Mais la rose, partout dans le monde, est une messagère. Une rose rouge, c'est l'amour. Une rose blanche, portée par son fiancé au matin de ses noces, c'est toute la tendresse et la joie. On peut multiplier à plaisir les évocations de ces fleurs ; la rose se pare d'autant de sentiments que d'amours et d'amitiés. Chacun y met sa mesure ou sa démesure. La rose est reine, il n'y a qu'elle dans les bras des divas et des stars, en gerbes énormes, dans du papier de soie, sous un film transparent. En Europe, la rose s'offre en nombre impair, c'est le treize à la douzaine, boutade incompréhensible ou cadeau de la marchande. Dans le pays du tango, comme aux États-Unis, l'unité est le douze ; une botte de douze roses, pas une de plus, pas une de moins, pour ne pas se soustraire aux convenances ou trahir l'envoi.

Le bouquet, la fleur coupée ont engendré un métier, celui de fleuriste, un joli mot pour désigner celui qui vend des fleurs fraîches, mais aussi celui qui décore si bien églises ou salles de bal, salons officiels ou soupers fins. Il prend des visages très divers, du petit étal au coin des rues aux brillantes vitrines illuminées dont les fleurs débordent sur les trottoirs. Toujours dans la rue, la fleur coupée est une fleur qui s'offre aux passants, qui arrête le pas, fait oublier l'heure et les soucis, le bruit des automobiles, pour parler de couleurs et de parfums. On les voudrait toutes, on prend une botte dans un seau, l'eau froide goutte à vos pieds, et puis, non, cette autre botte, car c'est l'ensemble qu'on voudrait emporter, ce tableau de fleurs juxtaposées au hasard d'un matin. Et l'on prend avec soi le joli bouquet, on le porte, tête en bas, il encombre, la main se mouille, le gant fonce, mais l'on est heureux que ces fleurs bousculent notre confort. L'on imagine déjà le vase adéquat, la longueur des tiges à couper, où le placer, la cheminée pour que les fleurs se reflètent dans la glace, le guéridon dans l'angle... moment de joie, moment de panique peut-être si le bouquet ne répond pas à nos espérances, il faudra essayer plusieurs vases, ne pas couper trop court une première fois, si l'on voulait changer de vase. La vie se rythme ainsi de souvenirs de bouquets et de fleuristes, de visages aimables, même dans le froid de l'hiver, malgré l'eau glacée, les épines inévitables. C'est la bouquetière de carte postale de la promenade des Anglais à Nice, c'est à Covent Garden la belle Eliza à l'accent rocailleux, c'est le gamin mali-

◄ 'Grand Gala'.

◄ Page ci-contre : 'Léonard de Vinci'.

Ce tableau de fleurs juxtaposées au hasard d'un matin...

cieux qui vous accompagne le long des marches de la place d'Espagne sous le regard de sa grand-mère, assise en noir sous son parasol et qui discute à tue-tête avec les autres marchandes de fleurs. Ce sont aussi les marchands londoniens au coin des stations de métro et aux abords des gares, si tentants qu'on achète des fleurs pour sa sœur, pour sa filleule, pour soi. C'est encore Marcel, rue de Buci, à Paris, qui n'offre que quelques fleurs, mais choisies avec l'œil du connaisseur, des pavots multicolores introuvables ailleurs, des anémones 'Mona Lisa' aux têtes lourdes, des pâquerettes désuètes, et des roses bien sûr, les plus belles du jour, rose pâle, à peine ourlées de vert, ou d'un orange éclatant qui, s'alliant au jaune du mimosa, réchauffe le cœur de l'hiver.

QUELQU'UN MARCHE avec un paquet caractéristique, large en haut et se resserrant vers le bas, pour tenir au creux de la main ; le papier crisse, un bruit unique, presque le bruit du vent qui passe, des papiers qu'on froisse après une fête. Le vrai papier de fleuriste, d'une transparence trompeuse, en fait d'une opacité laiteuse, bleutée, verte, papier cristal disait-on joliment pour accompagner les roses, enveloppait toute fleur à offrir. Lui succéda, avec le progrès, un film transparent, plasticoïde, qui nous prive de tout plaisir d'anticipation, du picotement interrogateur, de l'excitation du trésor qu'on doit dévoiler. Agrafé en pic sur le devant, un nœud brillant l'étreint. Le papier de fleuriste est employé comme du papier journal, juste pour enrouler les fleurs si elles sont pour soi, bien que toujours les grands fleuristes restent fidèles au lourd papier glacé, épinglé et enrubanné. D'autres innovent avec les papiers de soie, gaiement colorés, les papiers kraft, dont la couleur brune et la trame rayée donnent une note simple, faussement bon marché, plus naturelle.

La dernière vogue est à l'astucieuse idée du sachet plastique empli d'eau et retenu avec les tiges à leur base pour former une boule malléable, un vase prêt-à-poser, vase précaire, comme en danger de rupture, mais si pratique, vase qui évite la détresse de l'improvisation. Et quand les fleurs seront fanées, on jettera le tout d'un même geste.

Les articles de Paris ont depuis longtemps fait la mode, parfumé l'air du temps dans le monde entier. Les parfums, les vêtements, tout se crée à Paris. L'art des bouquets et la mode des fleurs aussi. Il suffit de flâner, en toute saison, place de l'Odéon le long des vitrines de Christian Tortu, ou bien place du Palais-Bourbon, où les fleurs sont si belles, si fraîches que l'on sent, si l'on s'y arrête de bonne heure, la rosée matinale. Rien d'étonnant, car c'est là que le plus gros client de Rungis vend aussi des fleurs de son jardin. Henry Moulié a des idées de bouquets qui lui coulent des mains. C'est lui qui le premier vendit des roses de jardin, qui voulut faire profiter ses clients, qu'il connaît presque tous personnellement, des merveilles de son propre jardin. Sur la place pavée de Paris, il transporte ainsi de son jardin les jolies fleurs de ses rosiers amoureusement taillés par ses soins. Des roses 'Pierre de Ronsard', toute la complexe beauté parée de la douceur des teintes roses, des tons de blanc et des nuances vertes, pour une femme, une mariée. Des 'Papa Meilland', à la pourpre incomparable, au parfum si suave, si velouté, si profond, que même la plus odorante des roses du jardin de nos grands-mères, toute parée de souvenirs, en est affadie. Des 'Papa Meilland' qu'une actrice célèbre lui réserve dès que vient juin. Car ces roses n'ont qu'une saison, la vraie saison des roses. N'oublions pas la rose pivoine, aux pétales ourlés, à la fragrance délicate et entêtante, 'Yves Piaget'. Les roses sont définitivement ses fleurs préférées, malgré les capucines, qu'il recueillit du fond de leur oubli champêtre pour les présenter en bouquet, les violettes de Parme qu'une famille cultive pour lui, pour ces quelques personnes qui ne peuvent pas ne pas offrir des violettes pour la Saint-Valentin, malgré encore les fleurs de fraisiers qui le charmèrent tant qu'il en fit de si délicats bouquets, les pois de senteur qu'il fait venir tout spécialement d'Italie pour Noël.

C'est un fleuriste en avance sur les autres, qui trace la voie et crée la mode. Hier les fleurs blanches et les tubéreuses, aujourd'hui l'eucalyptus, les nénuphars bleus et les pensées géantes, demain les délicates scilles en pots moussus… « Le vrai petit produit beau n'a pas de prix, dit-il, il est intemporel. » Les clients de Moulié-Savart adoptent ses nouvelles idées avec enthousiasme, les fleuristes le copient pour le bonheur du plus grand nombre, les étudiants viennent des États-Unis comme du Japon pour essayer d'apprendre, et les horticulteurs se renouvellent, plantent ce qu'il aime, pro-

« Tous ses bouquets, azurs, carmins,
[pourpres, safrans,
Dont l'haleine s'envole en murmurant :
[je t'aime. »
Victor Hugo, *Les Contemplations*

◄ Page ci-contre : 'Exotica'.

► 'Baccara'.

Le bouquet de roses d'Henry Moulié

« Jamais de fleurs en mélange, les roses se suffisent à elles-mêmes, la beauté se suffit à elle-même. Souvent les fleurs se contrarient et accélèrent, par leurs exsudats de sève, la fanaison des autres espèces. »
« Un bouquet de roses : quelques roses jaune d'or, pour la lumière, se marient avec des roses pâles, pour la douceur, et trois rouge sombre pour le parfum et la passion. »

posent de nouveaux coloris, redécouvrent d'anciennes variétés. Et les horticulteurs français font des choses magnifiques si on leur donne l'impulsion, si on les convainc des débouchés, car la terre de France est toute faite pour la fleur. À chaque terroir, ses fleurons. Il y a vingt ans, Henry Moulié ne vendait que du blanc ou presque, tous les blancs, du banc pur de neige au rose thé, au champagne, au beige rosé, poudré, et aux crèmes, au rose pastel, couleur d'aube, au blanc vert, ourlet printanier. Ses amis et collègues lui demandaient intrigués : « Tu as des mariages ? » Ce à quoi il répondait en achetant des milliers de 'Carte Blanche' : « Oui, tous les jours ! » C'est ainsi que le blanc devint une couleur tout en nuances, mariée aux verts des pommes granny et aux fleurs de lierre dans les décors de fêtes. Aujourd'hui, ce sont les rosiers paysagers, les Meillandécor, qu'il utilise pour ses décorations. Et cela en toute saison, les fleurs d'églantine en fin de printemps, les baies dans les couronnes de l'Avent, associées aux quatre bougies rouges, une pour chacun des quatre dimanches précédant Noël. Des roses, Henry Moulié en vend deux à trois mille par jour, dans sa seule boutique du palais Bourbon, où les plus belles des fleurs, de la meilleure qualité, trempent dans de grands seaux d'eau claire. Il est aussi le premier à avoir mélangé dans un même bouquet des roses de teintes différentes, rompant avec la monotonie du traditionnel bouquet de roses rouges. Il aime les vraies couleurs franches, des blancs, des jaunes, des rouges, mais marie tous les coloris, tant que ce sont des roses. Sa rose préférée, la sublime rose presque noire, magnifiquement parfumée, 'Papa Meilland'. Aujourd'hui, le ton est aux coloris éclatants, orange vif, rouge feu, rose fuchsia, aux couleurs mutantes qui évoluent au cours de l'épanouissement de la fleur, avec toujours, pour

les inconditionnels, de délicates roses couleur rose thé. C'est aussi le temps du parfum. Il y a vingt ans, les roses de serre, les roses de fleuriste n'étaient pas toujours parfumées, tout le monde le savait. Mais de nos jours, le parfum est un prélude indispensable à la fleur, l'effluve tentateur qui se capte dans les bougies parfumées à allumer dès qu'une envie de roses vous serre le cœur.

Il ne suffit pas à Henry Moulié de vendre des bouquets, il s'attache aussi au vase, qui doit, par un équilibre harmonieux des masses, rehausser le bouquet, à croire que l'un a été fait pour l'autre. Cette complémentarité, Henry Moulié la propose, effrayé qu'il fut de voir, dans les chambres de malades à qui il livrait des fleurs, son joli bouquet si tristement posé dans une bouteille de plastique grossièrement découpée. Les petits bouquets ronds sont proposés dans des timbales,

les bouquets d'hellébores tout arrangés, des roses aux pétales inclinés sur le rebord, pensives. Encore une idée neuve, mais si géniale ! C'est le bouquet prêt à être déposé au centre de la table, ou à être disposé dans le salon sur un coin de meuble solitaire. Son inspiration fut aussi motivée par le souci de ne pas rompre la chaîne d'eau, pour une meilleure conservation des fleurs coupées, afin d'éviter le *stress* hydrique des fleurs. Depuis la cueillette jusque chez l'amateur, l'eau doit accompagner la fleur.

Comment conserver un bouquet le plus longtemps possible ? Que faire ? Quelles sont les astuces du spécialiste ?

L'« éphémérité » de la rose coupée est le résultat de la façon dont la fleur est cultivée, du moment choisi pour sa coupe et du maniement de la fleur après sa coupe. On sait que la température joue un rôle sur la coloration et la longueur des tiges mais aussi, une action plus mal connue, sur le comportement de la fleur coupée. D'après les travaux publiés par Serge Gudin, docteur en sciences, directeur de la recherche « fleur coupée » chez Meilland, une rose cultivée en conditions « normales », c'est-à-dire dans le sud de la France, l'été excepté, où les nuits sont fraîches, ne devra être coupée que lorsque le bouton arborera la couleur qu'aura la fleur, et quand un ou deux pétales se seront légèrement décollés du bouton. Une rose cultivée dans des conditions plus chaudes, l'été dans le midi de la France, ou bien sous serre très chauffée en Hollande, peut être coupée à un stade plus précoce, lorsque le bouton est plus serré et que les sépales et les pétales ont environ la même longueur. Ainsi la rose n'aura pas la tête penchée.

Tout de suite, moins d'une demi-heure après la coupe, la rose doit être mise dans l'eau et dans la pénombre. L'ombre pour éviter l'évapotranspi-

Les conseils de Serge Gudin pour conserver les roses en vase

1. Prendre de l'eau à une température d'environ 20 °C, moins visqueuse, moins riche en oxygène que l'eau froide (dans laquelle il se présente sous la forme de microbulles).
2. Recouper 2 à 3 cm de tige et plonger la tige immédiatement dans l'eau, pour éviter la montée de bulles d'air.
3. Enlever toutes les feuilles qui n'ont pas d'utilité esthétique et les feuilles qui seraient plongées dans l'eau, car elles feraient croupir celle-ci. Moins il y aura de feuilles, moins l'évaporation sera importante.
4. Ajouter à l'eau un produit de conservation industriel donné par votre fleuriste. Si vous n'en avez pas, prenez, pour trois litres d'eau, un demi-morceau de sucre et un cachet d'aspirine, qui n'est autre que de l'acide acétylsalicylique, extrait du saule. Le cachet d'aspirine permet d'acidifier l'eau et d'éviter la prolifération bactérienne. Le sucre, contrairement à ce que l'on pourrait croire, ne sert pas à nourrir la rose mais, ressemblant dans sa concentration à la sève, contribue à retarder le vieillissement des cellules des pétales en en préservant les membranes.
5. Ne pas changer l'eau mais en ajouter, car la rose en boit.
6. Éviter les mélanges de fleurs qui font croupir l'eau plus vite. En général, les autres fleurs coupées sont moins ligneuses, leurs tiges plus herbacées et, par là même, plus susceptibles de pourrir rapidement.

ration et favoriser la fermeture des stomates, l'eau pour hydrater chaque cellule. Les stomates sont des orifices microscopiques situés au revers des feuilles qui servent à assurer les échanges avec l'air – évaporation, respiration et photosynthèse ; ils sont régulés par la température, la lumière, l'humidité et la teneur de l'air en gaz carbonique. Si les stomates sont bien fermés dès le départ, le manque d'eau dû au voyage sera limité et la fleur arrivera plus fraîche sur les marchés. Les tiges sont plongées aux trois quarts dans l'eau pour faciliter l'absorption d'eau, et toujours limiter l'évaporation.

Il est essentiel que ces opérations se déroulent très rapidement, car la rose est sujette au *stress* hydrique. Pourquoi ce *stress* ? Il faut savoir que les stomates de la rose se ferment très lentement et entraînent une évaporation, une transpiration de la plante : des bulles d'air pénètrent dans la tige et vont prendre la place de l'eau, transpirée, ou de la sève manquante. Or, l'air ne convient pas aux cellules de la rose ; ce qu'il lui faut, c'est de l'eau. Et les bulles d'air forment une barrière que l'eau ne peut franchir pour aller alimenter le bouton. L'eau de trempage doit bien sûr être propre et même dégazée (tirée la veille, ou bien tiédie ou filtrée) et additionnée d'un produit bactériostatique acidifiant.

Stockée dans une chambre froide qui lui est réservée, entre 2 et 7 °C, la rose s'hydrate progressivement, pendant 12 à 24 heures, afin que toutes les bulles d'air soient dissoutes. Ce n'est qu'une fois bien hydratée qu'elle est prête à voyager. D'abord la rose est emballée, le mieux possible, dans des sachets fermés, entre des gels aqueux, le bouton passé au fongicide. Plus la durée de stockage en chambre froide est longue, plus la rose s'ouvrira vite à température ambiante, par contraste. C'est pourquoi il convient que la rose soit stockée pendant un laps de temps le plus court possible et ne soit donc pas l'objet de spéculations qui, par le jeu d'enchères monétaires, retarderaient sa mise sur le marché. Ces roses bien emballées font le tour du monde. Elles arrivent en Europe d'Équateur, d'Inde ou du Kenya. On comprend donc l'intérêt pour la recherche de se pencher sur ces aspects moins directement visibles, telle la conservation, mais qui ont une influence majeure sur le comportement de la rose qui ornera notre salon.

Arrivée chez le fleuriste après être passée par Rungis ou Aaslmeer aux Pays-Bas, le plus grand marché aux fleurs du monde, notre rose doit être coupée à nouveau et mise dans une vitrine réfrigérée. C'est l'extrémité de la tige qui est recoupée, sur une longueur de 2 ou 3 cm, pour ôter la partie envahie par l'air ou les bactéries. L'eau des seaux devra être traitée avec la même solution qu'au départ. Cette solution est composée d'un agent anti-bactérien et d'un agent acidifiant. L'eau acide comme l'eau dégazée ont une viscosité inférieure à celle de l'eau normale et favorisent donc la montée de l'eau dans les tiges. C'est en quelque sorte une course de vitesse entre les bulles d'air et l'eau pour parvenir au bouton. L'eau acide accélère également la fermeture des stomates, ce qui réduit le *stress* hydrique et donc l'évapotranspiration. L'acidité réduit aussi le développement des bactéries, présentes dans l'eau et dans la tige même. Là encore, le but est d'éviter que des colonnes de bactéries se faufilent dans les vaisseaux de la fleur et les obstruent.

Les fleurs coupées représentent en Europe un énorme marché. On y trouve donc des bourses aux fleurs où se vendent à la criée, au petit matin, des fleurs coupées, en provenance des champs et des serres les plus proches comme des pays les plus lointains, Afrique du Nord, Afrique noire, Amérique du Sud, pays de l'Est. Depuis les premières serres chauffées à la fin du siècle dernier, l'on peut cultiver des fleurs sous presque toutes les latitudes. La première serre chauffée fut installée à Aalsmeer, convainquant rapidement les Hollandais des bienfaits d'un tel outil. En France, la culture en serre verra son déclin au moment de la crise du pétrole dans les années 70, et les cultures émigreront vers des lieux plus chauds, en Espagne ou au Maroc, par exemple. Les problèmes de transport s'en trouvèrent du même coup aggravés. Les grands marchés aux fleurs en France sont à Antibes, Hyères et Nice dans le Midi, et aux halles de Paris, transportées du centre de la ville vers Rungis il y a vingt ans, comme Covent Garden à Londres céda sa place

Les missives s'écrivaient en pétales, les rendez-vous se donnaient en bouquets.

◄ 'Paris c'Yves Saint Laurent'.

Le langage des roses Meilland murmure 'Confidence' et laisse planer des rêves romantiques.

centrale aux boutiques à la mode pour s'installer dans le quartier de Vauxhall. Mais la bourse aux fleurs coupées la plus importante du monde se trouve aux Pays-Bas, au sud d'Amsterdam, à Aalsmeer, où en 1911, sa date d'ouverture, elle traitait principalement de roses, d'œillets et de chrysanthèmes. Là, environné de serres innombrables, se trouve un centre colossal où les fleurs sont reines. Les fleurs coupées y sont si nombreuses qu'à les voir de haut, sur une passerelle qui surplombe les entrepôts, passant d'une salle de vente à un dépôt d'acheteur, on en est presque affolé. La poésie s'efface, la fleur y est un produit, qu'on traite avec soin parce qu'il est au cœur d'une industrie très prospère.

La vente se passe à la hollandaise ; ce sont des enchères à l'envers, les enchères à la montre. L'antique horloge, le long des canaux de Schiphol, qui permettait d'adjuger des cargaisons de fleurs portées par les péniches qui passaient incessamment, est aujourd'hui remplacée par un immense cadran électronique, sur lequel s'inscrivent le nom de la variété à vendre, celui du producteur, le nombre de lots, la taille de la fleur. Les fleurs, les roses dans les salles qui leur sont consacrées, sont juchées par bottes dans des casiers sur de petits wagonnets qui glissent sur les rails, comme une sorte de manège qu'on ne peut jamais arrêter. Une opératrice les désigne et les commente dans un petit microphone relié aux casques disponibles dans les gradins. Là, chaque acheteur est muni d'un téléphone. La criée a disparu, le bruit est à peine perceptible, c'est une sourdine permanente de sonneries électroniques. On regarde, les fleurs passent, comme aseptisées ; du haut de l'amphithéâtre, on les voit à peine, mais tous les acheteurs les connaissent. Un prix est donné pour l'ouverture des enchères, équivalant à une unité, par rose, et l'aiguille commence à descendre pour faire le tour du cadran. Acheter maintenant, au prix fort, pour être sûr de remporter le lot demandé par ce grand fleuriste, attendre un peu pour tenter de l'avoir moins cher, en prenant le risque qu'un autre acquéreur l'obtienne avant soi. Tout se joue en quelques secondes. Pour le néophyte, le temps d'ajuster ses prix, et déjà le lot suivant est vendu. Dix ou vingt bottes, trente, payées en florins. Un frémissement parcourt la salle, des exclamations jaillissent, « Cette rose fait un prix fou ! », l'aiguille descend à peine. Quelle est donc cette rose ? Si tout le monde l'achète si cher, c'est qu'elle vaut de l'or. 'Léonidas' a ainsi séduit Aalsmeer, qui lui a donné son prix. Aalsmeer est aussi le royaume des bouquetières du XXIe siècle. Alignées à la chaîne, devant un tapis roulant couvert de fleurs et de branchages variés, chacune prend ce qui lui vient sous la main et compose un bouquet. Ces compositions multicolores sont ensuite emballées et expédiées, ainsi prêtes à l'emploi, dans les supermarchés ou chez certains fleuristes, à bas prix.

Le bouquet moderne a perdu toute signification symbolique en réunissant par des mariages de hasard des fleurs qui ne délivrent peut-être pas le même message. Les missives s'écrivaient en pétales, les rendez-vous se donnaient en bouquets. Et la fleur d'entre les fleurs déclinait ses secrets sur des nuances colorées pour former des bouquets à effeuiller, des guirlandes à histoires. La rose blanche dit l'amour en silence, ou donne rendez-vous à midi ; tandis que la rose rouge déclame l'amour passionné, la rose jaune murmure le pardon à l'infidèle et la rose couleur d'aurore est toute tendresse. Tressons les roses en couronne, hommage admiratif à la vertu, ou bien offrons-les en un bouquet épanoui, signe d'un matin heureux, d'un petit déjeuner en tête à tête.

« Je devrais plutôt expédier aux dames des poèmes couleur de rose et des pleins paniers de contes galants. »
ALPHONSE DAUDET,
Lettres de mon moulin

◂'Alphonse Daudet'

Une fleur au coloris original jaune mimosa, veiné au centre de rouge crevette clair. Floraison très abondante. Grandes fleurs de soixante-quinze à quatre-vingts pétales. Rosier au feuillage dense, mi-mat, résistant aux maladies. Hauteur : 100/110 cm.

Des couleurs et des parfums

« Je me considère avant tout comme un marchand de couleurs. »
ALAIN MEILLAND

Si rose est une fleur, c'est aussi une couleur et un parfum, et cette démultiplication sémantique, rare et précieuse, ajoute à la magie d'un simple nom commun chargé de messages si peu communs : couleurs et parfums, des territoires immatériels. Et qui donc anoblit l'autre ? S'agit-il d'une descendance princière, d'une traîne ornementale, comme un lit de parure dont la fleur se verrait dotée ? Ou bien ces attributs des sens, aux limites du rêve, sont-ils si extraordinaires qu'ils puissent emprunter si naturellement à la rose son nom, son précieux nom ? Il est vrai que, à nulle autre pareille, cette couleur fut celle de la rose pendant des siècles, alliance heureuse et inaltérable ; et ce parfum, si délicat, est encore l'objet de tant de recherches, pour le capter, l'insaisissable, car par un caprice paradoxal, il est rare qu'une rose de fleuriste sente la rose !

Mais si la nature a doté la rose de tels attributs, ce n'est pas uniquement pour le plaisir de nos sens, et l'inspiration des poètes.

◀ Page ci-contre : la rose noire 'Fuego Negro'.

La couleur et le parfum sont des atours dont se pare la rose pour plaire à ceux dont elle a besoin, comme une coquetterie nécessaire, pour séduire les hyménoptères ailés, qui pourront consommer son mariage. Elle les attire par tous les moyens en sa possession et leur offre du pollen en abondance, nourriture exquise, puis se trouve fécondée. Sur le ventre velu et les pattes poilues des insectes ailés, abeilles et bourdons, le pollen se colle et, au hasard de battements d'ailes, d'insouciantes pauses pour butiner, il est déposé sur les stigmates réceptifs de la fleur.

Cette subtile histoire séculaire, l'homme vient l'interrompre, pour lui donner un cours étrange. Par ses « bricolages », le chercheur va façonner la rose à ses désirs, à ses goûts, multiplier les formes et les pétales, introduire des couleurs à foison, auxquelles seront associés des parfums originaux. Il introduit des gènes de couleur presque absents du genre *Rosa*, comme le jaune, dit jaune persan, connu dès le Moyen Âge, que portait seulement *Rosa foetida*, mais qu'il marie avec un hybride de Thé au XIXe siècle pour obtenir une vraie profonde couleur jaune. Ce bonheur est dû aux travaux de Pernet-Ducher au tournant du XXe siècle. Toutes ces nouveautés, qui sont autant de plaisants triomphes, déroutent les pollinisateurs habituels, et en attirent d'autres. L'abeille s'égare, n'a plus de repères, qu'a-t-elle besoin de nouveauté ? L'homme, quant à lui, ébloui par le miroitement des éventails de couleurs et de formes que l'hybridation lui faisait découvrir, en a oublié le parfum de la rose. Comme des siècles auparavant déjà planait le souvenir de la rose à odeur de musc, en cette fin de siècle, les regrets de parfums disparus occupent les esprits et les chercheurs.

Depuis quelques années, à peine plus loin que le début de cette décennie, le parfum est redevenu un attribut indispensable des roses. Les

roses de fleuriste sans parfum étaient familières il y a vingt ans et côtoyaient des roses de jardin, celles de nos grands-mères, pas toujours idéalement sculptées, mais au parfum incomparable ; c'est impensable aujourd'hui, temps du retour au temps de l'antan, où l'on atteint aux racines des souvenirs heureux.

L'ON S'ÉTONNERAIT PRESQUE que ces pages ne soient pas parfumées. Mettons-y le parfum des roses des jardins de notre enfance, celui des roses pourpres, chaudes de soleil, celui, léger et dansant, des petites roses jaunes et roses, ou encore celui des roses blanches, tout délicat mais profond si l'on prend le temps d'y plonger le nez, celui dont on cherche d'une ample inspiration à imprégner ses poumons, à imbiber tout son être pour vivre, l'espace d'un battement d'ailes, l'ivresse du papillon. Ces sublimes exhalaisons nous attirent et arrêtent nos pas, nos pensées, pour n'être que palpitation des sens.

Lorsque la Vierge Marie apparaît, les petites voyantes témoignent de ce doux parfum de rose qui la précède. Rose mystique, ainsi l'invoque-t-on dans les litanies. Sainte Rita, qu'on maintenait enfermée tant ses plaies stigmatisées empuantissaient, fut miraculeusement parfumée de senteur de rose pour aller voir le pape à Rome.

La nouveauté des formes et des coloris doit donc s'accompagner aujourd'hui de parfum. La rose éternelle est parfumée, comme le monde l'a heureusement redécouvert. Les Meilland se sont associés aux talents de la maison Robertet à Grasse, spécialisée dans la recherche et l'extraction d'essences uniquement naturelles. Aux Meilland la tâche de sélectionner de nouvelles combinaisons génétiques de parfums et à la maison Robertet de chercher de nouvelles molécules afin d'en tirer un extrait. Un « nez » de chez Robertet, car l'expert en odeurs est celui dont l'appendice nasal est magnifié, parcourt souvent les champs de roses Meilland, triant les arômes, les classant selon ce qu'il cherche, sélectionnant ici ou là telles variétés parfumées dont il analyse chimiquement les molécules. Son analyse porte sur la qualité mais aussi sur les quantités d'essence ou d'absolu de rose qu'il peut obtenir. Les résultats de ses travaux sont communiqués à la maison Meilland qui les répercute dans son catalogue sous forme de grilles d'arômes.

Car un parfum est la composante de terpènes et d'alcools, mariés en des combinaisons diverses, donnant à chaque fleur sa spécificité parfumée. Cinq notes odorantes priment sur les autres et se trouvent en quantités variables selon les variétés. Ce sont la note verte, qui évoque l'herbe coupée, la feuille froissée ; la note rosée, celle de la rose thé, celle de l'eau de rose ; la note citrique qui donne du relief par ses arômes citronnés, ses arômes de verveine et de citronnelle ; la note fruitée des vergers où la pêche se marie à l'abricot, la framboise à la groseille ; la note épicée du musc, de la badiane, de la vanille, des senteurs poivrées et de tous ces arômes qui nous viennent des îles

◀ Page ci-contre : 'Bluebell'.

◀ 'César'.

Un éventail d'arômes où priment cinq notes odorantes.

La rose noire

C'est un autre rêve d'hybrideur, la rose noire. Contrairement à la rose bleue, elle existe, enfin presque. Presque parce que, en fait, la rose noire est tellement pourpre qu'elle en paraît noire. Le noir est une accumulation de pourpre. Si les pétales sont si gorgés de pourpre, c'est qu'ils sont particulièrement riches en cyanidol qui donne un ton rouge très foncé. Mais cette richesse en cyanidol a une contrepartie, celui d'un risque de brunissement sous l'action de variations de température ou bien d'insolation. Un premier brunissement donne à la fleur des reflets mordorés du plus bel effet mais, au-delà d'un certain seuil, c'est la brûlure, inesthétique. Les pétales de la rose noire adoptent du velours la richesse de sa texture, son irrésistible douceur et les reflets profonds de sa couleur pour nous induire à l'adopter.

► 'Charles de Gaulle'.

La rose Meilland la plus parfumée

Elle a été obtenue en 1963 par Alain Meilland. Ses parents sont des roses à robe pourpre et parfum puissant, 'Chrysler Imperial', obtenue en 1952 par Lammerts, et 'Charles Mallerin', obtenue en 1951 par Francis Meilland. 'Charles Mallerin', du nom du rosiériste à qui Francis vouait une grande admiration, est elle-même le produit d'un croisement entre une rose très parfumée nommée 'Tassin', obtenue en 1942 par Francis, et le produit d'un mariage entre 'Gloire de Rome' et 'Congo'. Avec tous ces ascendants parfumés, 'Papa Meilland' était assurée d'avoir le plus capiteux, le plus envoûtant des parfums. C'est la troisième rose la plus vendue chez Meilland après 'Madame Antoine Meilland' et 'Sonia Meilland'.

« Voici venir les temps où vibrant sur sa tige
Chaque fleur s'évapore ainsi qu'un
[encensoir ;
Les sons et les parfums tournent dans l'air
[du soir ;
Valse mélancolique et langoureux vertige ! »

CHARLES BAUDELAIRE,
Harmonie du soir

► 'Manon de Meilland'.

► Page ci-contre : 'Green Success'.

ensoleillées. Les plus parfumées des variétés Meilland sont 'Papa Meilland' à notes surtout rosée et citronnée, 'Jardins de Bagatelle', 'Tino Rossi' et 'The Mac Cartney Rose', très proches du vrai parfum de rose, 'Frédéric Mistral' à parfum de citrus, et l'étonnante 'Paul Ricard' aux notes épicées, où l'anis domine très largement, en accord avec le coloris pastis des pétales.

L'évocation de l'absolu de rose rend songeur. Techniquement c'est un extrait de parfum, obtenu par dissolution de pétales dans un solvant organique, l'hexane, qui provoque la séparation des molécules sous forme de « concrète », substance cireuse, concentré de rose. L'absolu de rose, est-ce donc seulement un parfum ? Ne serait-ce pas la rose idéale, celle que l'on admire les yeux fermés ? Qu'importe ! Comme tout absolu, on ne peut jamais l'atteindre ; une fois choisie la rose qui vous parle doucement au cœur, voilà qu'une autre, une étrangère, une inconnue, vient à passer par là, d'un bouquet parfait, d'un bosquet éclatant au détour d'une allée, et c'est une nouvelle mélodie qui vous enchante.

UN PARFUM PUISSANT est toujours rare dans la descendance d'une rose, comme si son caractère impalpable l'empêchait de se fixer d'une génération à l'autre, comme si son mystère demeurait insaisissable, s'évanouissait d'une génération à l'autre. Pour obtenir une rose à parfum puissant, le chercheur s'attache à regrouper les gènes responsables de l'accumulation du parfum dans les vacuoles des cellules du pétale, afin d'atteindre des taux détectables par un nez humain. Car c'est le pétale de la rose qui est porteur des fragrances, tandis que pour d'autres espèces à parfum ce sont les nectaires. Et bien sûr, la senteur la plus difficile à obtenir est celle qui sent la rose ! Elle n'est pas si difficile à créer industriellement, mais elle est rarement réussie ; et si on peut la rencontrer dans un jardin, elle reste introuvable chez la plupart des roses de fleuriste. Ce sont des odeurs de citron, de verveine ou de framboise qui accompagnent plus généralement la rose jusqu'à sa mise en vase.

En effet, les senteurs de rose, comme de pêche ou de poire, sont très difficiles à fixer car les substances chimiques odoriférantes responsables de ces arômes (terpènes, alcools et autres) ne s'accumulent dans les cellules que lorsque le pétale est déjà à un âge avancé. Or, la vie d'un pétale n'est guère longue en vase, et le parfum ne s'exhale qu'un court moment; serait-ce cela l'absolu hors de portée? La fleur est coupée en bouton, à un stade de vie des pétales où ceux-ci ne sont pas odorants. Ce n'est que lorsqu'elle s'épanouira que la fleur deviendra odorante. Vendue en bouton, elle est donc livrée à un stade où elle ne sent rien.

De plus, le parfum de la rose est très capricieux : bien souvent, la rose sentirait merveilleusement bon si elle restait sur son pied; parfois son parfum est différent sur pied ou en vase; il arrive même, rarement – rassurons-nous –, que la fleur coupée ne dégage pas une odeur très agréable, ce qui est un comble lorsqu'il s'agit d'une rose. Ces variations sont le fait de biosynthèses qui se déroulent différemment en terre ou dans l'eau. Il arrive qu'une variété à peine ouverte soit déjà parfumée. Oh merveille! Mais non, il faut vite déchanter, car un parfum rosé si tôt discernable est l'indice d'un vieillissement rapide des pétales, d'une vie en vase écourtée. Les travaux de Serge Gudin mettent en relief que la richesse en parfum est caractérisée, chez la rose, par sa tenue limitée en vase, parce que les fragrances de rose sont liées, de façon physiologique, à un vieillissement rapide des cellules du pétale. L'absolu est bien hors d'atteinte et c'est avec regrets que le sélectionneur doit faire un choix qui prend la forme d'un compromis acceptable entre suffisamment de parfum et une durée de vie suffi-

sante en vase. Ce compromis, qui n'est peut-être qu'acceptable pour un chercheur, est plus que satisfaisant pour nous. Sentez donc, quand vous poussez la porte et franchissez le seuil de chez vous, cette délicieuse et puissante fragrance rosée qui vous enveloppe avant même que vous n'ayez posé le regard sur le bouquet de 'Perfumella', aux pétales rose violet. Ou ces senteurs anisées des pétales de 'Manon' qui s'accorderont si bien à l'humeur printanière. Ou encore 'Séduction'... son nom parle pour elle, pour son parfum sucré et envoûtant.

LA COMPLEXITÉ DU PARFUM de la rose se décèle également au niveau génétique, puisqu'ainsi que l'ont observé Jacques Mouchotte et Serge Gudin, directeurs de la recherche chez Meilland, les gènes responsables du caractère parfumé sont proches, sur le chromosome, des gènes responsables de la sensibilité à certaines maladies du rosier, le botrytis et les taches noires. Parfois, au cours de remaniements chromosomiques, cette liaison est cassée et sont obtenus des rosiers parfumés et peu sensibles à ces maladies. Est-ce la chance ? Le fruit du labeur ? Les chercheurs eux-mêmes penchent plutôt pour des dons de la nature. N'est-ce pas avec 'Bluebell' qu'ils ont retrouvé le parfum des roses à odeur de thé qui avaient enchanté les cœurs au XVIIIe siècle ? Cette rose qui, dans son vase, exhale un parfum de Crimée, une subtile mais puissante fragrance de thé.

N'avez-vous jamais remarqué que les roses orangées sentaient l'abricot et la pêche, les roses jaune pâle la prairie et le citron, les roses rose lavande sentaient la rose, les rouges la grenade et la fraise, les vertes la pomme et que le plus puissant des parfums émane toujours des pétales de velours d'une rose pourpre, foncée, presque noire ? Oui, les roses ont la couleur de ce qu'elles

◀ Page ci-contre : 'Perfumella'.

◀ Le catalogue Meilland signale les roses parfumées et leur note dominante.

sentent. Jacques Mouchotte et Serge Gudin le confirment : les gènes de couleur et de parfum sont souvent proches sur les chromosomes et les pigments voisinent avec les substances parfumées dans les cellules des pétales.

La couleur semble avoir été l'objectif principal de tous les hybrideurs au cours des cent dernières années. Les nouveaux coloris passionnent, comme aujourd'hui tous ces tons bruns, ces fleurs bicolores, ces pétales poudrés. Cet engouement pour la couleur n'est pas nouveau. Remontons le temps, jusqu'en l'an 1485, qui voit avec la bataille de Bosworth la fin de la guerre des Deux-Roses, trente ans de lutte entre la maison d'York, représentée par une rose blanche, et la maison de Lancastre, représentée par une rose rouge, et la naissance d'une rose de l'union, bicolore, rouge et blanche. Déjà la main de l'homme était à l'œuvre pour obtenir sur une même rose deux couleurs. Si pour nos contemporains, une rose est d'abord rouge, le rouge écarlate est absent des rosiers sauvages : l'églantine est blanche, ou tendrement rosée. Ce rouge vif est un coloris donné par un pigment nommé pélargonidine, évoquant le rouge des géraniums de nos balcons, introduit dans le patrimoine des rosiers cultivés au cours de la première moitié du XXe siècle seulement.

La couleur des pétales nait de la combinaison de pigments essentiellement accumulés dans les vacuoles des cellules. Les pigments sont de deux sortes : il y en a de solubles dans l'eau, appelés anthocyanes, qui se logent dans les vacuoles et qui varient en fonction du pH ; et il y en a de liposolubles, qui restent donc en dehors des vacuoles, sur leur pourtour, confinés dans des corps appelés chromoplastes. Ces pigments liposolubles sont les caroténoides qui, comme leur nom l'indique, résultent en coloris jaunes profonds comme celui de *Rosa foetida*. Les anthocyanes, quant à eux, comprennent la pélargonidine, la cyanidine, un pigment rouge présent dans *Rosa gallica*, la péonidine, responsable d'une teinte rouge foncé présente dans *Rosa rugosa*. Dans cette même famille se trouvent deux pigments responsables des colorations jaune pâle et blanc : ce sont la quercitine et le kaempferol. Ainsi les roses blanches sont-elles pigmentées de kaempferol. Les roses de teinte crème parfois retiennent en leurs pétales le souvenir sans nom et immémorial de ce qu'elles furent feuilles avant d'être fleurs. Cependant, le vert pomme des roses vertes, comme 'Green Success', n'a rien d'une évolution non achevée, mais est le fruit d'un mélange de pigments mauves et orangés qui conduit à des teintes mentholées.

La magie des pétales de roses n'est pas uniquement faite de leurs nuances colorées mais aussi de

« La culture des roses, c'est facile.
Cela s'apprend en cent leçons :
une par an. »

Alain Meilland

leur transparence lumineuse. Le rayon de soleil qui passe au travers du pétale semble en iriser la texture et en augmenter la brillance. Ce phénomène est dû à la présence de poches d'air, qui réfléchissent la lumière et qui séparent les cellules non pigmentées comprises entre deux couches de cellules colorées, celles qui nous sont visibles. Car le pétale est composé de trois couches d'épiderme. Le velouté de la face supérieure est dû à la forme conique des cellules tandis que la planéité et la brillance du revers résultent de la forme aplatie des cellules qui le composent et de la couche cireuse qui le recouvre. C'est de cet ensemble de superpositions que le soleil se joue pour faire briller les roses.

Au jardin comme chez soi, une rose est changeante, jamais la même que la veille, jamais semblable au lendemain. Le bouton parfait, les pétales du bord extérieur légèrement ouverts, et c'est la rose intemporelle ; quelques jours plus tard, tout épanouie, alourdie, elle séduit ; même les premiers pétales qui choient, et posent leur douce courbure sur le marbre de la cheminée, ont cet air languissant des *lieder* de Schubert. En même temps, la couleur se nuance, fonce ou pâlit. La fleur se pare de nouvelles teintes, adoucies ou plus fortes à mesure qu'elle vieillit. Connaissez-vous une fleur autre que la rose qui soit aussi vivante, qui se métamorphose ainsi ? Non, la rose est la seule fleur qui se transforme autant au cours de sa courte vie de fleur. Et c'est peut-être parce qu'elle est si vivante que la rose gagne tant de cœurs. Cette capacité d'évolution, Meilland y prend garde et oriente soigneusement la sélection afin qu'une coloration changeante esthétique accompagne l'ouverture en vase. C'est ainsi que 'Bluebell' de rouge cerise bleuit vers le ton lie-de-vin à sa maturité, que 'Terracotta' va se parer de toutes les teintes des terres de l'Italie, puisque d'ocre, elle va devenir terre de Sienne ; que 'Léonidas', de cacao brun fumé à revers vanille, évolue vers le bois de rose. Le bouton de la variété 'Exotica' est orange, tandis que ses pétales, avec l'âge, deviennent couleur de sable orangé comme illuminés des rayons d'un soleil couchant sur les îles antillaises ; la fleur épanouie se présente avec les pétales des verticilles externes de couleur orange sablé et ceux du centre, plus jeunes, d'un vif orangé. Au jardin, les variétés qui évoluent de façon très marquante se nomment 'Marie Curie', ou 'César' qui se pare de toutes les couleurs d'un éclatant crépuscule où des nuages d'or flottent sur l'air rose parcouru d'ondes orangées.

QUELLE ALCHIMIE AGITE les cellules pour qu'elles se modifient ainsi ? Les chercheurs arrivent à créer les bases nécessaires pour que ces altérations aient lieu en associant différents pigments dans les vacuoles, pigments dont la synthèse biochimique s'effectue à des âges différents de la vie du pétale. À l'inverse, la recherche peut aussi porter, en particulier pour les roses de jardin, sur une stabilité de couleur, due à une grande complexité pigmentaire. Mais ces bases pigmentaires n'évolueront pas, une fleur ocre restera ocre, sans aucune variation colorée, si les pigments ne sont pas synthétisés. Pour cela, il faut que les conditions de culture aient été adéquates, car tout se joue pendant le développement du rosier, avant que les sens puissent s'en apercevoir. La température, les conditions de fertilisation, le pH du sol sont déterminants sur les métamorphoses colorées.

Déjà 'Madame Antoine Meilland' avait des pétales jaunes qui s'ourlaient de rose, et ce rose,

au fur et à mesure de l'épanouissement de la fleur, gagnait du terrain, du pétale. 'César' est fascinante avec la tache de jaune paille au revers, le fuchsia adouci de l'avers et la douceur crème qui gagne les pétales externes. Ce sont des roses bicolores qui subissent un phénomène d'évolution colorée. Car il y a deux sortes de fleurs bicolores : les marginées comme 'Peace' et les vraies bicolores, une couleur différente teintant l'avers et le revers du pétale. Le contraste de couleur entre le bord et la plus grande partie du pétale est dû au vieillissement des cellules qui, tout en prenant de l'âge, deviennent plus alcalines, moins acides. Ce changement de pH va affecter les pigments qui vont se transformer. Mais pourquoi cette altération ne touche-t-elle que le bord, la marge ? Comme le changement est lié au vieillissement, le bord des pétales est affecté en premier, car il est plus âgé que le reste, ayant poussé en premier, tout comme les pétales externes sont à un stade de vie plus avancé que les pétales du centre.

Les fleurs dont l'avers et le revers des pétales arborent des teintes différentes sont très en vogue en cette fin de siècle. Citons 'Louis de Funès', orangé et jaune, 'Bluebell', rose groseille et magenta, 'Bolchoï', rouge orangé et jaune, ou encore 'Léonidas', ocre brun rosé à revers jaune crème. Que les deux faces du pétale soient dissemblables est signe de la disparité de la pigmentation, car il arrive qu'une cellule soit le siège d'une mutation de couleur, pour une raison non maîtrisée, et qu'elle prolifère pour gagner toute une couche de l'épiderme des roses, une des faces visibles à l'œil nu. Cette mutation chimérique peut également gagner en profondeur les trois couches de l'épiderme du pétale, soit de façon uniforme de telle sorte que l'on ne voie pas la mutation – comme 'Privé', issue d'un rameau de 'Sonia' pour lequel une mutation de cellule dans la couche profonde de l'épiderme avait recouvert de rose indien le rose saumon originel – soit de façon délimitée, par secteurs.

ET LA ROSE BLEUE ? Rêve de tout obtenteur, elle défierait, si elle existait, toutes les lois naturelles. La rose mauve, proche du bleu, existe ; 'Charles de Gaulle' en est un magnifique exemple parfumé, mais la rose bleue n'existe pas. Avant de tenter d'expliquer pourquoi, attardons-nous un peu sur l'intérêt que présenterait une telle fleur. Ce serait bien sûr l'engouement complet de ceux qui veulent de la nouveauté à tout prix. Mais souhaitons-nous vraiment bousculer tout le charme des roseraies où les nuances de blancs et de jaunes répondent aux roses et aux rouges ? Ne serait-elle pas incongrue cette rose bleue ?

◀ Page ci-contre : 'Paul Ricard'.

◀ 'Terracotta'.

« Ispahan aux musiques d'un matin
Réveille l'odeur des roses de ses jardins

J'ai parfumé mon âme
À la rose
Pour ma vie entière »
GUILLAUME APOLLINAIRE, *Ispahan*

'Léonidas'

'Léonidas' est une rose au coloris si exceptionnel qu'elle s'arrache à prix d'or à Aalsmeer, qu'elle se marie avec raffinement à des roses roses et des baies de roses, ces fruits, oblongs ou sphériques, orangés ou écarlates, qu'elle fait frémir les amateurs qui la veulent tout de suite, pour la planter dans leur jardin. Mais c'est une rose prévue pour les bouquets ! Tant de succès lui vaudra d'être créée pour le jardin, attendons un peu, armés de la patience du jardinier. Cacao évoluant vers le terre de Sienne nuancé de vieux rose est l'avers, tandis que le revers, jaune d'or, évoque un rayon de soleil en automne.
Le bouquet est là, quelques roses dans une timbale et un camaïeu, toujours changeant, se déploie sous vos yeux dans une écharpe de parfum.
Et ce ton fumé, n'était-ce pas ce qui était dédaigneusement appelé la « maronite », une tare à écarter, une teinte à bannir ? Si ! Il y a dix ans, tous ces tons brunis n'étaient pas bien considérés et leurs gènes délibérément travaillés pour être éliminés. Ces tons n'existent pas spontanément dans la nature ; quels sont donc les parents de la rose crème et cacao ? Le père choisi pour son teint d'or et ses nuances roses est 'Madame Antoine Meilland', par ailleurs père et mère d'une bienheureuse et nombreuse descendance, et la mère choisie s'appelle 'Hello', une rose de bouquet. Son nom sonne comme ses couleurs, car c'est une rose bicolore, pleine de gaieté : rouge écarlate et champagne. Pour engendrer 'Léonidas', il a fallu que 'Hello' soit particulièrement riche en pigments, si bien qu'elle a été autofécondée sur deux générations afin que les pigments désirés soient en quantité suffisante pour, en étant combinés avec ceux de 'Madame Antoine Meilland', obtenir du cacao. Et en cadeau de Noël, une botte de 'Léonidas' est un somptueux présent, un clin d'œil apprécié.

Le pigment qui donnerait à la rose la coloration bleue tire son nom de la fleur la plus bleue qui soit, le pied d'alouette ou delphinium, c'est la delphinidine ; mais jusqu'à présent l'on ne connaît pas de rosier sauvage ou cultivé avec les gènes du bleu. Il faudrait donc introduire des gènes, ceux capables de synthétiser la delphinidine du pétunia, en provenance d'autres espèces, ce que les hybrideurs ne font pas, puisqu'ils ne croisent que des rosiers entre eux. Une fois ces gènes introduits, rien ne garantit le résultat. Car, le pigment indispensable va se trouver en présence d'autres pigments dans la vacuole qui peuvent modifier son expression. Un autre écueil est que la delphinidine elle-même peut virer au mauve en fonction du pH dans son environnement vacuolaire. L'on connaît des delphiniums et des pétunias mauves, la couleur bleue n'étant pas très stable ; voyez ces fleurs d'hortensias qui varient du bleu au rose selon la nature du sol. Avec un pH bas, acide, la delphinidine vire au mauve et au rose, tandis qu'en milieu plus alcalin c'est le bleu qui se manifeste. Rien ne permet d'affirmer que le pH des vacuoles des pétales de roses soit assez élevé pour obtenir du bleu.

Si la rose bleue n'existe pas dans la nature, ce n'est peut-être pas par hasard. Un chercheur attentif a souvent constaté que se faisait au cours de l'évolution une contre-sélection naturelle, due à des gènes dits répresseurs contrariant l'expression des gènes « indésirables » pour l'espèce. De plus, au-delà de ces barrières génétiques, existent des barrières sexuelles qui empêchent deux espèces de se féconder entre elles. La manipulation génétique en laboratoire arrivera peut-être un jour à la rose bleue, mais c'est à voir… La recherche de la rose bleue n'est pas une préoccupation chez Meilland puisqu'elle ne peut être obtenue par des moyens plus traditionnels.

Des couleurs et des parfums

« Les deux jeunes femmes ont l'air ensevelies sous une couche de fleurs. Elles sont seules dans l'immense landau chargé de bouquets comme une corbeille géante. Sur la banquette du devant, deux bannettes de satin blanc sont pleines de violettes de Nice, et sur la peau d'ours qui couvre les genoux un amoncellement de roses, de mimosas, de giroflées, de marguerites, de tubéreuses et de fleurs d'oranger, noués avec des faveurs de soie, semble écraser les deux corps délicats, ne laissant sortir de ce lit éclatant et parfumé que les épaules, les bras et un peu des corsages dont l'un est bleu et l'autre lilas.

Le landau parcourt au grand trot la route, la rue d'Antibes, précédé, suivi, accompagné par une foule d'autres voitures enguirlandées, pleines de femmes disparues sous un flot de violettes. Car c'est la fête des fleurs à Cannes. »

GUY DE MAUPASSANT,
Rose

◂'Guy de Maupassant'

Parfum exceptionnel de pomme verte, pour ce rosier à fleurs rose carmin pâle, plus foncé sur les bords, base rose empire pâle. Quatre-vingt-dix à cent pétales, feuillage dense, vert foncé brillant. Floraison abondante.
Hauteur : 70/90 cm.

Des roses sur catalogue

Le catalogue d'un rosiériste, mieux qu'un roman, retrace toute l'histoire des roses et dresse au cœur de l'hiver une roseraie dans l'imagination. À la lecture de tous ces noms précieux, 'Jardins de Bagatelle', 'Galaxy', 'Prestige de Lyon', 'Johann Strauss', 'Les Amoureux de Peynet'... naît l'envie soudaine de savoir pour qui, pourquoi ces roses ont été ainsi nommées. Les descriptions en sont parfois si vivaces, si imagées, que l'on en respire presque le parfum.

À la suite du jeune Antoine Meilland qui, à douze ans, connaissait par cœur le catalogue tapé à la machine du rosiériste Dubreuil à Lyon, et rêvait des heures entières à sa lecture, Francis Meilland puis son fils Alain, et Raymond Richardier avec eux, ont transcrit leur temps et leurs idées dans leurs catalogues. À l'origine, ils étaient écrits à la main. On retrouve, dans les archives de la maison, des listes de clients destinataires, de la fin du siècle dernier, composées de cette jolie écriture tout enluminée de boucles.

« C'est une belle et simple histoire. Depuis quatre générations, une famille est vouée à la culture des roses. Et pour une œuvre de beauté, le père transmet au fils sa science, son art, son culte de la nature. Et le fils accepte le don précieux pour l'enrichir encore. [...] Un jour penché sur une rose nouvelle dont le centre est d'un beau jaune d'or, cœur lumineux dans une chair ardente, ensoleille un rouge géranium à peine moiré, le père, à travers la fleur voit son petit Alain, vif, studieux, violent mais enjoué. Et soudain la rose devient un joyeux symbole de foi en l'avenir. »

(Description de la rose 'Alain', extraite du catalogue de 1946.)

◀ Page ci-contre : 'Caprice de Meilland'.

▲ Le premier catalogue en couleurs, en 1936, présente 'Brasier'.

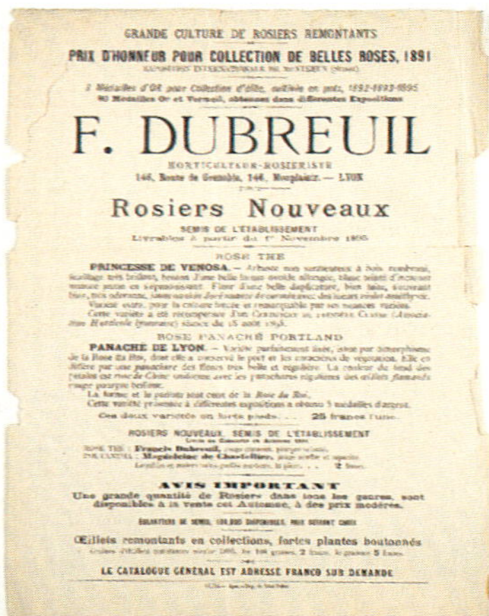

▲ Page du catalogue de 1891.

Ces clients étaient M. Narcisse Boulage, jardinier-chef au château de Villiers, M. Chabau, botaniste en chef de la Marine, comme l'horticulteur-grainetier Vilmorin-Andrieux ; ou bien encore une certaine Mme Mivière, à Chambœuf, le village natal d'Antoine Meilland – comme nous le raconte Antonia Ridge – et l'on voit l'importance que de simples descriptions de roses ont pu avoir sur la vie d'un jeune homme et, par ricochet, sur l'histoire des roses en France. C'est Claudia Dubreuil, nous l'avons vu, qui eut l'idée d'acheter une machine à écrire et d'apprendre à taper, seule, ces listes qui seront les premiers catalogues de la maison, oui, de simples listes de roses, bien loin de ces superbes brochures d'aujourd'hui sur papier glacé, illustrées de brillantes couleurs.

Le nom donné à une rose est souvent un hommage rendu à quelqu'un, soit une personnalité chère au rosiériste, comme 'Charles Aznavour', ou disparue ; il lui dédie alors un souvenir à la manière des « tombeaux » d'autrefois, comme 'Souvenir du rosiériste Rambaux'. Cet hommage peut également s'adresser aux célébrités de l'époque, comme 'Duchesse de Bragance' ou 'Marquise de Moustiers' au temps de Francis Dubreuil, et 'Princess Margaret' ou 'Baronne Ed. de Rotschild' de nos jours. Un jour, Claudia Dubreuil, à la vue d'une rose pourpre au parfum profond mais délicat, nuancé de violette, pria son père de déroger à la tradition de ces noms d'illustres familles et de donner à cette rose splendide le nom de Sarah Bernhardt. Francis Dubreuil, qui ne refusait rien à sa fille, écrivit donc laborieusement une lettre à la grande actrice. Le brouillon de cette lettre, tout déchiré, conservé dans les archives de la maison, témoigne de l'humble démarche du grand rosiériste : « Madame, permettez à un rosiériste lyonnais, sincère admirateur de votre ta(lent), qui a eu antérieure(ment) la bonne fortune d'obtenir un certain nombre de roses nouvelles (qui ont) fait leur chemin, de donner à l'une de ses obtentions le nom que vous avez illustré. J'ai été fort surpris de constater que, dans les nombreuses collections existantes, il n'y avait aucune variété qui portât votre nom. J'ai voulu réparer cet oubli inexplicable de mes confères. Je suis convaincu que votre nom si réputé portera bonheur à la variété que j'ai créée, et qu'elle ne tardera pas à avoir le succès de ses devancières et à le dépasser. » Sarah Bernhardt répondit par télégramme qu'elle acceptait l'honneur qui lui était fait d'être la marraine d'une rose nouvelle.

À la mort de Francis Dubreuil en 1916, Antoine Meilland, son gendre, reprend l'affaire familiale. Les catalogues des années 20 et du début des années 30 proposent à la vente près de cinq cents variétés de rosiers, produits par les Établissements A. Meilland, des créations de Joseph Rambaux et de Francis Dubreuil, mais aussi de grands obtenteurs, celles de Charles Mallerin, Pedro Dot, Jean Gaujard, C. Chambard, McGredy, Mathias Tantau, W. Kordes, G. de Ruiter, Jackson & Perkins, Poulsen… La plupart de ces noms sont ceux portés encore aujourd'hui par des obtenteurs mondialement connus. Les catalogues sont agrémentés de photos en noir et blanc. Lorsqu'en 1935, à l'âge de vingt-trois ans, Francis Meilland part pour l'Amérique, à la découverte du Nouveau Monde, c'est non seulement une expérience exceptionnelle pour sa formation personnelle – financée par les économies accumulées depuis qu'il était écolier, sur le produit de la vente de pêchers, issus de semis de noyaux, de mouron pour les petits oiseaux, du houx et du gui pour les

fêtes de fin d'année – mais aussi une source considérable d'informations et d'idées neuves qui vont influencer toute l'évolution de la maison Meilland. On sait que c'est au cours de ce voyage que Francis sera séduit par l'idée de la protection des obtentions végétales ; mais il va également découvrir la modernité des catalogues de roses américains. Dès son retour, en 1936, Francis convainc son père de l'intérêt d'avoir des couleurs dans le catalogue de la maison, le premier en France à se moderniser ainsi. Il y aura d'abord deux pages d'images colorées à la main, représentant les nouveautés de l'année. C'est alors qu'une grande maison de rosiers, qui dispose de plus d'un million de clients, passe aux Meilland un énorme contrat, bien supérieur même à leur capacité de production. Francis propose de diminuer le nombre de variétés cultivées, de cinq cents à trente, pour faire face à cette commande ! Quel risque ! Mais le risque n'est pas pour faire peur aux Meilland. Trente variétés, des nouveautés uniquement ! Les Établissements A. Meilland deviennent « éditeur de nouveautés ». Or, le client au contrat mirifique dépose son bilan, les rosiers doivent être détruits… ou écoulés. Comment faire avec ces trente nouveautés seulement, qui vont déconcerter les clients habituels ? Comment faire pour écouler une production de masse avec un catalogue édité alors à deux mille exemplaires ? Francis décide de jouer le tout pour le tout, met toutes les économies de la maison dans l'édition d'un catalogue en couleurs et d'un panneau publicitaire. L'imprimerie a du retard, en cet automne de l'année 1937, tous les rosiéristes ont terminé leurs ventes alors que le catalogue Meilland est encore sous presse. Intuition heureuse, éternel talent des Meilland, le résultat fut à la mesure de la brillante idée de Francis : vingt-trois jours après l'envoi des prospectus, il ne reste plus un rosier à vendre. Ce succès confirme une des idées visionnaires de Francis, qui pense que le client est heureux d'avoir des nouveautés, il les attend, il les recherche. La priorité doit donc être donnée à la recherche de nouvelles variétés. L'année 1937 fut aussi l'année du succès de 'Golden State', choisie comme emblème pour l'exposition internationale de San Francisco, qui fit bien entendu la une du catalogue.

Parallèlement à l'histoire des roses à succès, le catalogue retrace l'histoire personnelle de la famille Meilland. En 1946 naît 'Alain', rappelant la naissance en 1940, en pleine guerre, du petit Alain Meilland. Le rosier, premier prix de tous les concours, médaillé des sociétés horticoles nationales et internationales, est décrit avec force détails. L'amour familial tissé par des couronnes de roses s'exprime avec beaucoup de tendresse dans les descriptions des roses personnalisées. Et tout jeunes, tout petits, Alain et Michèle accom-

◄ Catalogue de 1937 : 'Golden State'.

► Catalogue de 1948 : 'Symphonie'.

◄ Catalogue de 1973 : 'Sonia'.

Le nom de la rose

'Sonia' est le prénom d'une fleur, comme le prénom d'une femme, mais si l'on respectait les normes botaniques, le vrai nom de la rose serait *Rosa* x *hybrida* 'Sonia', comme celle que l'on nomme 'Rose d'Amour' ou 'Rose de Saint-Marc' est un hybride de *Rosa virginiana* et l'on devrait l'appeler *Rosa* x *virginiana* 'Rose de Saint-Marc'. À la Renaissance, les botanistes se sont accordés pour donner aux plantes des noms qui dépassent toute barrière linguistique. Ce sont des noms qui reposent sur les traits caractéristiques de chaque plante, dans un latin vernaculaire, inspiré du grec. *Rosa centifolia* rappelle la multiplicité des pétales, *Rosa multiflora,* l'abondance des fleurs. Au XVIIIe siècle, le naturaliste suédois Linné reprendra le principe avec un système de classification des végétaux en latin, basé sur le genre et l'espèce, ornés du nom de la variété, comme un prénom sous lequel on les connaît généralement.

pagneront leurs parents dans les serres, comme leurs parents l'avaient fait avant eux et leurs grands-parents auparavant. Michèle joue à la bouquetière, Alain se souvient de la fête des violettes et de celle du mimosa qui rythmaient les saisons. Sa grande distraction était d'aller dans le jardin avec ses parents et son grand-père auprès desquels, tout enfant qu'il était, il a tout appris. Après eux, les enfants se nomment 'Sonia', 'Matthias', 'Anthony'. Alternant avec les naissances, les deuils font naître les roses du souvenir. En 1950, le catalogue s'orne de 'Grand-Mère Jenny', une rose dédiée à la mémoire de la mère d'Antoine Meilland, la brave et courageuse fermière de Chambœuf, un pilier de la famille, toujours présente au moment des épreuves. « Le nom de cette rose évoquera l'indulgence… ou la complicité du sourire attendri de l'aïeule, au regard d'une jeunesse dont elle fut, en son temps, l'élément de pérennité. » Francis Dubreuil, Manou, Antoine Meilland, à chacun sa rose, galerie de portraits vivants, peints avec des couleurs de pétales.

TOUS PARTICIPAIENT À LA FABRICATION du catalogue, car Francis avait décrété que chacun devait tout savoir faire. Comme sur un bateau, toutes les compétences doivent être à bord. Même un photographe était là en permanence, comme c'est encore le cas aujourd'hui. Alain se souvient des compositions de roses à faire, des rosiers mis en scène, des roses repiquées sur des buissons quand la saison avait été mauvaise. Des plantations étaient prévues trois années à l'avance, pour le besoin des photographies du catalogue. C'était un travail d'équipe ; tous tiraient, développaient, préparaient le catalogue, des jours et des nuits durant, pour un résultat impeccable. Les couleurs étaient retouchées à la main, avec le photographeur. De nos jours, la scannerisation numérique et les logiciels de traitement de couleur ont remplacé la main de l'artisan ou de l'artiste. Sans arrêt, de nouvelles idées étaient sollicitées de tous. Ainsi, avec l'histoire du catalogue, se traduit l'histoire des goûts et des modes. Chaque époque est marquée par un style, l'harmonie en 1948, l'effet choc du début des années 60 avec le style très futuriste représenté par 'Suspense'. En 1963, comme en 1965, la musique domine tout au long des pages, avec le thème du maestro représenté par la figure quasi légendaire de Papa Meilland, une baguette de chef d'orchestre comme ornement. L'introduction de conseils de plantation trouve son aboutissement aujourd'hui, avec le personnage sympathique d'André, le jardinier Meilland, qui, page après page, nous accueille de son bon sourire et nous donne de judicieux conseils concernant l'entretien des nos rosiers. En 1965, le catalogue innove à nouveau, dans son format étroit et allongé, avec en point d'orgue la

▶ Michèle Meilland remettant une corbeille de roses 'Soraya' à la femme du Chah d'Iran.

rose 'Maria Callas' et des notes de musique à sa suite qui courent en toile de fond. Le texte est toujours rédigé avec un soin extrême et un luxe de détails qui permettent une visualisation tridimensionnelle et surtout tentent de rendre perceptible une atmosphère. Aujourd'hui, des pastilles colorées remplacent les longues descriptions pour évoquer la composition d'un parfum, et les photographies en couleurs d'Emmanuel Ulzega sont d'une telle splendeur que l'on se croirait dans une roseraie en juin.

Musique et roses, l'accord persiste avec 'Nicolo Paganini', 'Tino Rossi', 'Charles Aznavour' ou bien la plus parfumée de toutes les roses, 'The Mac Cartney Rose'. Celle-ci fut l'occasion en Grande-Bretagne du lancement promotionnel d'un album du chanteur intitulé *Flowers* (« Fleurs »).

Il y a des collectionneurs de roses comme il y a des collectionneurs d'autographes, qui souhaitent voir fleurir dans leur jardin une rose au nom d'une personnalité à laquelle ils vouent de l'admiration. Plusieurs acteurs y ont laissé leur sourire, celui de la chaleureuse Gina Lollobrigida, de la mystérieuse Charlotte Rampling, ou de l'élégante Catherine Deneuve, la discrète passionnée de jardins qui ne raterait jamais une exposition horticole, quitte à faire l'aller-retour pendant le festival de Cannes. Sonia se souvient d'irrésistibles fous rires lors de déjeuners avec Louis de Funès venu choisir une rose, lui qui ne laissait à personne le soin de s'occuper de ses roses. Elle n'hésitait pas à lui demander encore et encore de faire la biche ! Elle se souvient de la gentillesse de Denise Grey, aussi douce que les tendres couleurs de la rose qui porte son nom. Michel Lis, le jardinier, la star du jardin, est aussi parrain d'une rose Meilland. Philippe Noiret, l'homme de théâtre et l'homme de cinéma, l'immense acteur français qui retrouve ses premières amours en remontant sur les planches, prête aujourd'hui son nom à une rose. Il a même avoué à son fleuriste attitré que cette rose était un cadeau que lui faisait Alain Meilland, un bonheur qui surpassait celui d'avoir obtenu un César.

RARES SONT LES GRANDS HOMMES de l'histoire à avoir une rose à leur nom chez Meilland, où la musique prime sur la politique. En 1955 pourtant, une exception voit le jour avec 'Soraya', au nom de l'épouse du Chah d'Iran dont le charme déplaçait les foules. La couverture du catalogue cherche à donner l'image de la splendeur des miniatures persanes et à rendre toute la mythologie de mondes qui nous sont lointains. Michèle se

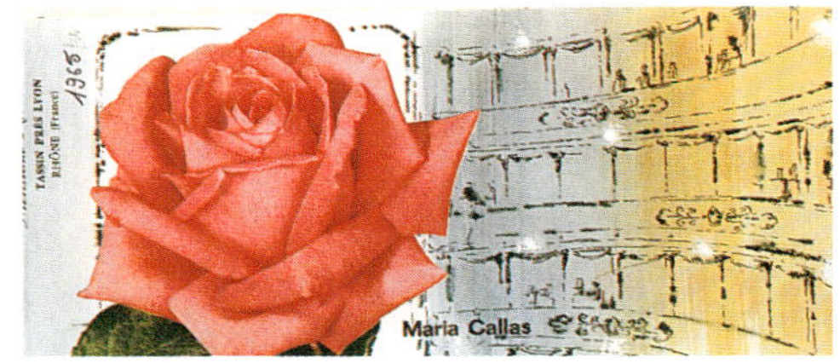

▲ Catalogue de 1965 : 'Maria Callas'.

◀ 'Niccolo Paganini'.

▼ De gauche à droite : Alain Meilland, Paul et Linda Mac Cartney, Bernard Durand.

◀ Catalogue de 1955 : 'Soraya'.

Du nom de bataille à la marque

À chaque graine, issue d'un croisement, qui germe et donne une plantule, est attribué un numéro. Le code indique le croisement effectué permettant de retrouver les parents et l'année du croisement, ainsi que le numéro propre de la plantule qui suivra la plante regreffée l'année suivante. Si la variété a une chance, même infime, d'être intéressante, elle est regreffée en petites quantités, sept pieds puis deux ou trois rangs. À ce moment-là, lui est affecté un nom de bataille dont l'initiale indique l'année de naissance, comme Alaric, Abderos, Aero, Bichon... Sous ce nom de bataille, les rosiers sont envoyés dans les jardins d'essai pour être testés. Après des années d'observations, et de délibérations, le nom de bataille fait place à une dénomination variétale. Cette dernière commence toujours par les trois premières lettres du mot Meilland, pour d'emblée en connaître l'obtenteur comme Meiqualis, Meioffic... Ce système inventé par les Meilland a été repris par tous les autres obtenteurs. Lors du lancement commercial, la rose est baptisée d'une marque de fabrique protégée légalement en tant que telle.

souvient s'être levée à l'aube pour gagner l'aéroport de Nice et lui apporter une corbeille de roses à sa descente d'avion. Alain était à ses côtés, qui hocha la tête quand les gardes leur demandèrent s'ils étaient de la famille. Vingt ans plus tard, l'hommage est rendu au général de Gaulle avec la rose 'Charles de Gaulle', la rose mauve la plus proche du bleu, puissamment parfumée, que tous les Compagnons de la Libération reçurent en cadeau. Si le graphisme du catalogue a bien changé depuis, la rose intemporelle, elle, presque bleue, reste toujours présente, année après année, dans les catalogues comme dans la mémoire des jardiniers, souvenir discret du général de Gaulle qui a permis aux Français de sauver leur liberté et leur âme. Grace Kelly eut une rose à son nom, 'Grace de Monaco', créée à l'occasion de son mariage en 1956 ; puis lors d'un salon international de la rose qui se tenait à Monaco, la princesse Grace avait été si émerveillée par une rose aux couleurs de la principauté, rouge et blanche, que les Meilland l'avaient rebaptisée du nom de 'Princesse de Monaco'. Antibes et Monte-Carlo sont tout proches, et la roseraie Francis Meilland est le joyau du parc monégasque. 'Mme Speaker' est la dernière en date de ces grandes figures de l'histoire qui viennent prendre place dans la généalogie Meilland. Qui est donc la marraine de cette rose ? C'est la première femme depuis six cents ans à occuper la place d'arbitre à la Chambre des communes du parlement britannique, Betty Boothroyd. Quand Bernard Durand, directeur de Meilland au Royaume-Uni, lui proposa de donner son nom à une rose, elle déclina l'hommage en faveur du nom de son poste, celui de *speaker* (« orateur »). Car cette dame est une grande figure populaire en Grande-Bretagne, où elle caractérise la femme au foyer, le bon sens, et en même temps celle qui agit en faveur de la nation. Elle déclara à la presse : « C'est un privilège énorme. Vous n'avez pas idée du bonheur que cela représente. J'espère que cette rose incarnera les qualités qui, je pense, devraient être celles de tout *speaker* : résistant de nature, sans maux, fleurissant dans toutes les situations, une joie à côté de soi. »

Les noms des roses reflètent aussi les liens d'amitié des Meilland, 'Charles Mallerin', en 1947, rappelle à tous l'admiration que Francis vouait à cet obtenteur. La description de cette rose évoque déjà celle que nous connaissons bien aujourd'hui, 'Papa Meilland', une de ses descendantes : « Velours moiré grenat foncé, illuminé d'écarlate ; le revers est rouge sang mat. Trente-cinq pétales dont chacun, ferme, large, élégant, a la perfection d'un sombre coquillage à la surface duquel ondulent, se font et se défont des reflets changeants. Exceptionnelle et rare séduction d'une construction dont chaque partie (forme, coloris, parfum extraordinaire et vigueur de la plante) s'inscrit comme une nécessité dans l'harmonie d'un tout. Mystère de la réussite hors série ! » En 1976, le catalogue s'orne d'une belle rose rouge écarlate, c'est 'Antonia Ridge', qui porte le nom de l'amie, de la confidente qui écrivit la belle et simple histoire de leur famille. Les poètes et les écrivains laissent également leurs traces, et en premier lieu ceux qui chantent leur patrie, la Provence, le Rhône avec Frédéric Mistral, Marcel Pagnol, Jean Giono et Alphonse Daudet. À chaque fois, les héritiers sont consultés sur l'emploi du nom célèbre, et devant notaire se font les accords, portant sur le dépôt d'une marque. Voilà le véritable jardin imaginaire où chaque rose déclamerait un vers, la roseraie de nos rêves où chaque fleur évoquerait un tableau de Renoir, une courbe de Michel-Ange.

◄ 'Charles Aznavour'.

La rose s'associe avec bonheur à la fragrance de rose, légèrement soutenue d'iris et de violette, qui compose le parfum « Paris » d'Yves Saint-Laurent. Pour fêter les dix ans de succès de ce parfum est choisie une rose au bouton conique, rose vif, s'épanouissant harmonieusement dans un vase pour offrir au regard ses trente-cinq pétales. La rose accompagne « Paris » aussi naturellement que la tour Eiffel en toile de fond. C'est encore une rose que s'est choisi la ville de Lyon, la patrie des rosiéristes français, comme nouvelle ambassadrice, une rose aux pétales brossés d'aurore, de rose vénitien au revers, une rose aux effluves de rose parcourues d'une odeur de potager, celle des framboises chaudes de soleil. 'Prestige de Lyon' est son nom. Rose encore, mais d'or et de rouge – car « rouge » et « beau » sont deux termes inséparables dans l'esprit et la langue russes – est la rose aux couleurs du théâtre du Bolchoï, qui abrite une des plus célèbres troupes de ballets du monde, choisie pour fêter les huit cent cinquante ans de la ville de Moscou. Les Russes aiment la rose, passionnément. Jusqu'au XVIIIe siècle, en Russie, des roses rouges ceignaient le front des jeunes filles au jour de leurs noces. Dès qu'un fleuriste a des fleurs en vitrine, c'est un événement. Ils n'ont parfois que de ces ombelles bleues que l'on trouve dans les champs, de celles qui résistent au froid légendaire, parfois quelques roses qui sont achetées dans l'heure, pour la joie, pour le plaisir, souvenirs d'amour. Un hybride de Thé remontant, rose et parfumé, trois fois médaillé, est choisi comme variété exclusive pour représenter l'Irlande à partir de 1998. Son nom est 'Failte' et signifie « bienvenue ». Dessinera-t-on un jour une cartographie de la rose, chaque ville arborant ses pétales ? Géographie de compagnie aérienne en tout cas, puisque dans le sillage des avions de British Airways planent des roses, 'Trailblazer' est leur nom, donné à l'issue d'un grand jeu concours organisé parmi les passagers, évoquant les écharpes de fumée qui marquent le ciel au passage d'un avion et la couleur de brasier de ses pétales cramoisis, traînée d'éclat, sillage éclatant du passage des appareils de la British Airways.

LES NOMS SONT DES AMBASSADEURS qui s'accordent à l'air du temps, à la couleur qui règne – à l'exception malencontreuse du catalogue de 1939 dont la couverture présente… 'Bonne Nouvelle' !

Les goûts varient en fonction des cultures ; tandis que le Français aimerait une rose fleurie toute l'année, l'Allemand préfère une rose vigoureuse, résistante aux maladies afin de ne pas avoir à utiliser de produits chimiques. L'excessive « flori-

Elles veulent toutes s'appeler « Rose »

Rose des Alpes, se dit le rhododendron ferrugine, *Rhododendron ferrugineum* ;
Rose d'outremer ou rose trémière, la grande malvacée *Althaea rosea* ;
Rose de Gueldre, la boule de neige, *Viburnum opulus* ;
Rose de Sharon, *Hypericum calicynum* ;
Rose du désert, l'*Adenium* ;
Rose du rocher, l'hélianthème, *Helianthemum* ;
Rose du soleil, la ciste, *Cistus* ;
Rose d'Inde, l'œillet indien, *Tagetes patula* ;
Rose du Japon, le doux camélia, *Camellia japonica* ;
Rose de Chine, l'hibiscus, *Hibiscus rosc-sinensis* ;
Rose de Jéricho, la plante de la « Résurrection », l'*Anastatica hierochuntica* ;
Rose de Noël, l'hellébore qui orne la crèche, *Elleborus niger* ;
Rose de Notre-Dame, la pivoine officinale, *Paeonia officinalis* ;
Rose de Sérane, la pivoine voyageuse.

bundité » fragilise une rose et la rend plus sensible aux maladies. La pression écologique est si puissante en Allemagne qu'une médaille au concours de roses allemand l'ADR est une épreuve obligée pour toutes les roses qui se piquent d'être robustes. L'Alle Deutschen Rosenprüfung examine des roses cultivées dans neuf jardins différents et n'accorde son label qu'à celles qui, en plus d'une fleur magnifique, ont résisté à toute absence de traitement. La facilité de culture, la diminution de la taille et des traitements sont devenues presque obligatoires dans le monde entier ; peu nombreux sont ceux qui songeraient encore à passer des heures à surveiller les pucerons, guetter l'attaque des larves, attendre la bonne lune pour tailler. Mais en même temps, le romantisme allemand et les tendances européennes inspirées par le charme des jardins anglais se manifestent dans le choix des variétés cultivées, des roses aux formes anciennes, fleurant bon les rêves provençaux. Les formes qui gagnent les cœurs sont celles des rosiers compacts à port retombant, des hybrides de Thé surtout, et des fleurs turbinées, comme 'Honoré de Balzac', les roses pivoines, comme 'Yves Piaget', les boules comme celles de 'Toulouse-Lautrec'. Le rouge prédomine dans les couleurs des fleurs pour bouquets à l'échelle internationale ; rappelons qu'en Amérique latine, ou en Russie, une rose, symbole amoureux, est d'abord rouge. La mode parisienne préfère les tons fumés, les teintes vénitiennes, ainsi que l'éclat de l'orangé et du jaune d'or.

Depuis la fin de la Seconde Guerre mondiale, avec les années glorieuses et la réduction du temps de travail, la demande de plantes ornementales a beaucoup augmenté. Parallèlement, la recherche de roses nouvelles a pris son essor et a produit de nouvelles variétés en quantité. Dans les années 40 et 50, la tendance était aux rosiers remontants, vigoureux, aux boutons bien pointus portés par des buissons compacts, s'ouvrant en des couronnes de fleurs un peu rigides, de couleurs vives. La couleur était ce qui primait, surtout la gamme étendue des roses, des rouges et des pourpre violacé, se calquant sur la mode fixée sur les tons très vifs.

Répondant aux aspirations de son temps, est née, grâce aux idées et aux talents des familles Meilland et Paolino, la première rose à arborer un éclatant rouge andrinople soutenu d'orange, un coloris qui n'existait pas dans la palette des roses. Étape dans l'histoire des couleurs des roses, c'est aussi la première rose de serre destinée à être vendue par des fleuristes sous forme de fleur coupée, fraîche. Elle se nomme 'Baccara'. Les années 60 voient la sortie de rosiers d'industrie, de rosiers capables de se ramifier rapidement pour produire des plantes de qualité en grand nombre. Au cours des années 70 et jusqu'en 1985, Meilland lance un nouveau produit : le rosier en pot, la potée fleurie, bouquet durable à replanter ou à jeter ensuite. Parallèlement, les chercheurs chez Meilland orientent leurs travaux

► Catalogue de 1982 : 'Princesse de Monaco'.

▼ Catalogue de 1990 : 'Tino Rossi'.

► Catalogue de 1997 : 'Alphonse Daudet'.

► 'Philippe Noiret'.

vers la création de cultivars plus résistants aux maladies et au gel, qui peuvent se développer avec moins de soins dans les jardins. Précurseurs dans leur approche de la nature, ils sont actuellement rejoints par les tendances de protection de l'environnement. Les années 80 enchaînent avec de nouvelles lignes de rosiers, qui ne nécessitent qu'un minimum de soins, les rosiers paysagers, les Meillandécor. En réaction à ces années où priment les affaires, on assiste au retour de la romance sous la forme d'un raz de marée de formes anciennes, couplées avec les qualités des roses modernes. 'Léonard de Vinci' ou 'Abbaye de Cluny' sont les roses de demain, qui n'ont pas fini de plaire et d'orner les roseraies. Le jardin refuge est aussi le lieu de la redécouverte des valeurs anciennes, appartenant au patrimoine européen, qui se manifestent dans les noms de ces roses évoquant un art, une culture, des traditions, mises de côté au cours du XXe siècle. La lignée de roses aux noms d'écrivains fait partie de cette tendance. La dernière décennie est parfumée. L'homme ne peut vivre sans parfum ; saturé d'images, il se réfugie dans son jardin – avec son téléphone portable, car le besoin de communication est présent auprès des potirons et des cloches à melons, des roses grimpantes et des agapanthes – pour savourer une entière communion avec une nature jusqu'alors bien négligée, une retraite loin de l'agitation planétaire. Des roses si parfumées que, dans les catalogues, les classements par formes, tailles ou couleurs risquent d'être supplantés par un répertoire d'odeurs, pour créer, pourquoi pas, un labyrinthe de parfums, chemin initiatique de la redécouverte des sens.

LAISSONS POUR FINIR à Alain Meilland la description du rosier de l'an 2 000 : « La couleur, la ramification à la base de la plante, la résistance aux maladies, tout cela se retrouvera dans le rosier de l'an 2 000. Ce sera un rosier facile à vivre qui n'aura rien perdu de son charme et de sa magie. Il permettra au jardinier d'alors de perpétuer la culture millénaire de la reine des fleurs en parfaite harmonie avec la nature environnante. Les rosiers de formes nouvelles qui font leur apparition dans les villes et les grands espaces paysagers, ou même le long des autoroutes, arriveront en force chez les particuliers qui apprécieront ces rosiers comme des buissons à fleurs que l'on regarde pousser sans intervention d'aucune sorte et qui nous émerveillent. La rose sans cesse remodelée par l'homme n'a pas encore laissé découvrir les limites de sa plasticité et de son adaptabilité et elle conserve en cela toute sa puissance mythique. »

▲ 'Baronne de Rothschild'.

◀ 'Louis de Funès'.

Pour toi ou pour moi ?

C'est l'idée qui souligne l'achat coup de cœur du bouquet, pour l'autre ou pour soi. Potée fleurie, mini-rosier en pot, pour la maison puis le jardin, la courette pour garder une trace de l'après-midi où le cœur joyeux a acheté, ou reçu, un rosier bouquet. L'achat rapide et gai est symbolisé par un pictogramme, un nom simple qui sonne comme une clochette :

– 'me too', moi aussi ;
– 'you too' = U2, toi aussi ;
– 'for you' = 4U, pour toi ;
– 'lucky you', veinard.

Humour anglais encore le nom de la rose '21 again' (toujours vingt ans), la réponse pirouette à la question indiscrète : « Quel âge avez-vous ? »

Le bouquet de noms évoque *Le Bouquet* de Jacques Prévert :

« Pour toi, pour moi
loin de moi, près de toi
avec toi, contre moi
chaque battement de mon cœur
est une fleur arrosée par ton sang
chaque battement c'est le tien
chaque battement c'est le mien »

Postface

En toute amitié…

L'histoire de ce livre est aussi l'histoire d'une chaîne d'amitiés. Je ne peux pas terminer ces pages sans en évoquer tous les acteurs, ce qui est peut-être un moyen bien indiscret de les remercier – qu'ils ne m'en veuillent pas ! – mais surtout l'occasion de partager avec eux le bonheur de ce livre et de leur rendre une toute petite part de ce que je leur dois en toute reconnaissance.

Tout a commencé pour moi grâce à Patrice et Hélène Fustier, qui ont fait redécouvrir aux Français les charmes de leurs jardins, en lançant avec succès il y a quinze ans maintenant les célèbres Journées des plantes de Courson, devenues deux fois par an le rendez-vous incontournable de tous les amoureux des plantes. Ils m'avaient recommandé un petit livre de poche à la couverture fanée et au titre un peu désuet, *For Love of a Rose*. C'est là que j'ai découvert l'extraordinaire histoire de la famille Meilland.

Aussi incroyable que cela puisse paraître, ce livre, racontant l'histoire d'une famille française, ce récit qui avait pour cadre la Provence et la vallée du Rhône, n'avait jamais été traduit en français. J'essayai de comprendre pourquoi, et me lançai à la recherche d'Antonia Ridge. D'éditeur en agent littéraire, je remontai ainsi jusqu'à Jeffrey Ridge, le fils d'Antonia.

Je veux tout particulièrement évoquer ici le souvenir du merveilleux moment que j'ai passé à Millhouses, dans le Lancashire, dans cette charmante maison pleine de douceur et de poésie, et l'accueil si chaleureux que me réservèrent Jeffrey et sa femme June. Je n'oublierai jamais ces longues heures passées à feuilleter les archives familiales, la gentillesse de Jeffrey qui mit à ma disposition tant de documents de sa mère. Qu'il me soit permis de lui redire ici toute mon infinie reconnaissance. Bien plus que la passion d'une quelconque recherche biographique, ces souvenirs ont été pour moi l'émouvante découverte d'une extraordinaire femme de lettres, dont il faudra bien un jour que nous fassions la connaissance en France.

De retour en France, il me restait à poursuivre le fil de l'histoire, à raccommoder le tissu rompu en 1965 dans le livre d'Antonia Ridge, à découvrir ce qu'était devenue cette étrange famille Meilland, aussi célèbre qu'inconnue.

C'est alors qu'entre en scène Aline Converset. Sans elle, ce livre n'existerait pas. Lorsque nous nous sommes rencontrées, je lui parlai de mon projet ; elle me transmit la passion Meilland. C'est elle qui sut vaincre la modestie familiale, et emporter l'adhésion de tous. Elle fut dès lors mon infatigable guide à la découverte des Meilland. J'espère que sa patience et sa gentillesse trouveront dans ce livre une juste récompense, le reflet de notre travail commun que j'ai tant apprécié.

Il manquait alors l'œil de l'artiste pour marier la magie des roses à leur histoire, dire en un clin d'œil ce que les mots ne traduisent qu'imparfaitement. Emmanuel Ulzega a gardé de ses origines familiales sardes le souvenir d'un pays où la lumière et les paysages se répondent en une complète harmonie. Il a toujours recherché la beauté pure dans la nature, alliance parfaitement manifestée au cœur d'une corolle de rose. Il a voulu capter l'éphémère évolution des fleurs, les transparences d'un pétale, le rai de soleil retenu dans une goutte de rosée. Il photographie les roses Meilland bien sûr, qu'il connaît si bien à force de les cajoler pour les faire sourire et livrer leurs secrets ; mais les chrysanthèmes de Challet-Herault, les œillets de Barberet et Blanc, les cyclamens de Morel, les alstrœmères de Turc posent aussi devant son appareil. Les roses ont eu Redouté pour les peindre, elles ont aujourd'hui Emmanuel Ulzega pour les photographier. La beauté de ses photos a été ma muse en hiver et donne à ce livre le merveilleux parfum d'une flânerie dans une roseraie. Chacune de ses photos entrelace les mots de grâce et leur donne sens.

Je voudrais bien entendu remercier individuellement chacun des membres de la grande famille des roses qui ont bien voulu m'accueillir pour la préparation de cet ouvrage et m'accorder leur confiance. J'espère qu'ils aimeront ce livre, qui est d'abord leur livre, un petit bout de leur histoire. Michèle Richardier, Sonia Meilland, Nadine Meilland, Alain Meilland, Raymond Richardier, Bernard Durand, Serge Gudin, Jacques Mouchotte, André Trois, Gérard Corlier : un immense merci à vous tous. Je ne veux pas oublier tous ceux que j'ai croisés au Domaine Saint-André ou à Tassin, et qui m'ont fait partager la vie de la maison.

Henry Moulié, l'incomparable fleuriste, le magicien des bouquets, a bien voulu tenir ici le rôle de l'ami fidèle et passionné de la famille Meilland. Quelle heureuse chance pour moi d'avoir ainsi eu l'occasion de l'écouter me parler de ses roses, en un bouquet de mots aussi savoureux que ses fleurs magnifiques.

Il restait à trouver un éditeur. Luc de Basquiat a bien voulu croire à son tour à notre projet et m'a présenté Marcel Guedj, qui accueille aujourd'hui, dans cette institution de l'édition horticole française qu'est Rustica, l'histoire enfin couchée sur le papier de cette merveilleuse famille Meilland.

Pour terminer, je veux redire mon affectueuse reconnaissance à mes amis Marie-Astrid de Saint Chamas et Dimitri Tsykalov, qui m'ont aidée à mettre en scène ces roses, et à mon mari Emmanuel qui fut mon premier lecteur.

Terminé
à La Reille,
en la fête
de l'Épiphanie.

▼ 'Tino Rossi'.

Index des variétés de roses

(Noms de marque, synonymes et dénominations variétales.
Les chiffres en gras indiquent les numéros de pages où les roses sont illustrées.)

Index général

Crédits photographiques

Tous les documents iconographiques appartiennent à Meilland (Emmanuel Uezega, Gabriel Meunier, Frédéric Guilmard).

En couverture : 'Pierre de Ronsard' ;
en quatrième de couverture : 'Domaine de Courson'.

Maquette et réalisation : Paul-Raymond Cohen.

Achevé d'imprimer en février 1999
sur les presses de Publiphotoffset, 93500 Pantin